Tucholsky Wagner Zola Scott Sydow Freud Schlegel
Turgenev Wallace Fonatne

Twain Walther von der Vogelweide Fouqué Friedrich II. von Preußen
Weber Freiligrath Frey

Fechner Fichte Weiße Rose von Fallersleben Kant Ernst Richthofen Frommel

Fehrs Engels Fielding Hölderlin Tacitus Dumas
Faber Flaubert Eichendorff

Feuerbach Maximilian I. von Habsburg Fock Eliasberg Zweig Ebner Eschenbach
Ewald Eliot Vergil

Goethe Elisabeth von Österreich London

Mendelssohn Balzac Shakespeare Dostojewski Ganghofer
Trackl Lichtenberg Rathenau Doyle Gjellerup
Stevenson Hambruch
Mommsen Tolstoi Lenz
Thoma Hanrieder Droste-Hülshoff

Dach Verne von Arnim Hägele Hauff Humboldt
Reuter
Karrillon Garschin Rousseau Hagen Hauptmann Gautier

Damaschke Defoe Hebbel Baudelaire
Descartes

Wolfram von Eschenbach Dickens Schopenhauer Hegel Kussmaul Herder
Bronner Darwin Melville Grimm Jerome Rilke George
Campe Horváth Aristoteles Bebel Proust

Bismarck Vigny Barlach Voltaire Federer Herodot
Gengenbach Heine

Storm Casanova Tersteegen Gilm Grillparzer Georgy
Chamberlain Lessing Langbein Gryphius
Brentano Lafontaine
Strachwitz Claudius Schiller Kralik Iffland Sokrates
Bellamy Schilling
Katharina II. von Rußland Gerstäcker Raabe Gibbon Tschechow

Löns Hesse Hoffmann Gogol Wilde Vulpius
Luther Heym Hofmannsthal Gleim
Roth Klee Hölty Morgenstern Goedicke
Heyse Klopstock
Luxemburg Puschkin Homer Kleist
La Roche Horaz Mörike Musil
Machiavelli
Navarra Aurel Musset Kierkegaard Kraft Kraus
Nestroy Marie de France Lamprecht Kind Kirchhoff Hugo Moltke

Nietzsche Nansen Laotse Ipsen Liebknecht
Marx
von Ossietzky Lassalle Gorki Klett Leibniz Ringelnatz
May vom Stein Lawrence Irving
Petalozzi
Platon Knigge
Sachs Poe Pückler Michelangelo Kock Kafka
Liebermann
de Sade Praetorius Mistral Zetkin Korolenko

Bilder und Träume aus Wien

Adolf Glaßbrenner

Impressum

Autor: Adolf Glaßbrenner
Umschlagkonzept: toepferschumann, Berlin

Verlag: tredition GmbH, Hamburg
ISBN: 978-3-8424-8994-3
Printed in Germany

Text der Originalausgabe

Adolf Glaßbrenner

Bilder und Träume aus Wien

Erster Band

Vorrede.

Ich habe Feder, Papier und Tinte, warum sollte ich kein Buch über Wien schreiben?

Zu meinen früheren Arbeiten nahm ich auch mein bißchen Geist zur Hand; diese unruhige Eigenschaft ist aber jetzt in Deutschland verpönt, und ein verständiger Autor muß ihn so viel wie möglich zu verstecken suchen, damit man ihn selber nicht versteckt. Die deutsche Zensur läßt die besten Gedanken zwischen den Zeilen liegen, und die edelsten Geister gehen unter, weil sie ihre glühende und zündende Wahrheit nicht mit schmutzigen, servilen Lumpen bedecken wollen; weil der Geist des Jahrhunderts ihre Feder leitet, und die Zensur die Werke jenes Geistes zerstückelt und vernichtet.

Auf diese Weise wird es immer schwerer, den guten vom schlechten Schriftsteller zu unterscheiden, und deshalb bin ich mit Liebe und Vertrauen an das vorliegende Werk gegangen, habe für die herrlichsten Gedanken Striche gemacht, dem Zensor Mühe zu sparen; habe in jeder Charakteristik und Darstellung Lücken gelassen, und bin nun fest überzeugt, daß meine Leser dies Buch unendlich geistreich finden werden, weil sie ihren eigenen Geist hineinlegen müssen. Wie es die Kunst der Konversation ist, weniger selbst zu sprechen, als andere sprechen zu machen, ist es in Deutschland die Aufgabe des Autors, weniger selbst zu denken, als andere denken zu machen; man darf der Lesewelt nur Skizzen hinwerfen, und sie selbst muß tausend Bücher daraus schreiben.

Wer aber könnte über den Mittelpunkt des schönen, gesegneten Österreichs schreiben, ohne die Interessen der Gegenwart zu berücksichtigen? Wer, dessen Herz für das Wohl seiner Mitmenschen schlägt und höher schlägt, betrachtet er das Emporblühen der geistigen Freiheit, wer könnte die Träne ungeschildert lassen, die ihm Österreich entlockte? Ein blühendes Land voll liebevoller, geistig kräftiger Menschen, und eine Regierung, die sich mächtig dem Gottesgeiste entgegenstemmt, der über die Völker gekommen, und sich selbst durch die drohendsten Beispiele der Geschichte nicht bewegen läßt, einen Schritt vorwärts zu gehen!

Die schönen Tage, welche ich unter den Wienern verlebte, werden mir unvergeßlich bleiben und hatten mich bestimmt, meine Bilder nur mit lichten, lustigen Farben zu malen, d. h. schwarz und gelb daraus zu verbannen; als ich aber die Feder zur Hand nahm und die Zeichnung begann, sah ich ein, daß ohne jene Farben den Gemälden jede tiefere Auffassung und Wahrheit fehlen würde. Und so mußte ich oft härter sein, als mein Herz es wollte; ich mußte viele, die ich als Menschen liebe und achte, empfindlich berühren. Mögen sie bedenken, daß es die Tendenz unserer Zeit ist, alles *Scheinwesen* zu unterdrücken, und daß es eines redlichen Verurteilers und Darstellers würdiger ist, seine heiligsten Empfindungen dem weltgeschichtlichen Zwecke zu opfern, als zu schmeicheln und sich auf Kosten der Wahrheit beliebt zu machen! –

Freilich bin ich nur ein unbedeutender Mitarbeiter an dem Riesenwerke der Gegenwart, allein das gewaltige Meer besteht aus Tropfen, und oft verstehen wir Kleinen es besser, die Herzen unserer Mitmenschen für alles wahrhaft Schöne und Heilige zu entzünden, als jene Großen, die, wie Schiller sagt, an der Börse ihre Millionen austauschen, während die Bettler unbeschenkt vorüberwandern müssen. Mit diesem Troste habe ich mein Werk vollendet und sende es in die Welt; viele meiner Leser und namentlich die Kritiker werden mir das »Tant de bruit pour une omelette!« zurufen, allein sie mögen bedenken, daß man oft die unscheinbarste Hülle wählen muß, um den Gott zu verstecken; und wollen sie das nicht bedenken, so mögen sie's bleiben lassen! Ich bin schon ärgerlich über mich selbst, daß ich so viele Vorkehrungen treffe, gelobt zu werden.

Über Wien und Österreich sind bereits eine Menge Bücher geschrieben worden. Ein bescheidener Schriftsteller hätte wohl nichts Wichtigeres zu tun, als demütigst um Entschuldigung zu bitten, daß er die Masse noch vermehrt und einen Gegenstand behandelt, den schon vor ihm weit größere und geistreichere Männer behandelt haben. Das ist ein Punkt, den ich durchaus berühren muß. Ich bin nicht bescheiden, noch weniger demütig. Glaubte ich nicht, in diesem Buche manches neue mitzuteilen und vieles richtiger als andere dargestellt zu haben, so wäre es ja eine Narrheit, die Welt damit zu belästigen, namentlich unsere jetzige Welt, die so viel zu lesen hat, daß Not wäre, eine Dampf-Lesemaschine zu erfinden. Die Wiener sind nicht zufrieden mit dem, was bis heute über Wien in die Literatur gekommen, und haben auch Grund dazu. Die meisten Beschreiber sahen die Kaiserstadt nur von der Bastei aus und zogen dann mit Vorurteilen gegen ihr »deutsches China« weiter; anderen fehlte es an lebendiger Auffassung, an Beobachtungs-Geist; noch andere gingen schon mit der Absicht hin, auf die österreichische Regierung zu schimpfen oder sie zu verteidigen; die Wiener Literaten endlich dürfen nichts schreiben, was der Gegenwart angehört, und so ist es denn erklärlich, daß man in Deutschland noch so viele falsche Ansichten über Wien und den österreichischen Staat hört. Und darum schien es mir nicht unnütz, daß ein unparteiischer Maler Bilder aus der Kaiserstadt brächte. Und hier hast du sie, mein liebes, hoffendes Deutschland!

Warum ich aber auch meine Träume mitteile, die mir während meines Aufenthaltes in Wien durch die Seele zitterten? Ich weiß es nicht, weiß auch nicht, ob sie irgendeine Bedeutung haben; ob sie nur *meine* Träume, oder vielleicht die Träume eines ganzen Volkes sind; denn ich habe sie ohne meinen Willen geschrieben. Ein unsichtbares Wesen leitete mir die Hand und tauchte die Feder in Tränen; so sind sie entstanden und so müssen sie aufgenommen werden: ich habe keinen Teil an ihnen.

Meinen Namen habe ich verschwiegen, weil ich durchaus nicht berühmt werden will. –

Reise nach Wien.

Die warmen Lüfte hatten eben den Park vor meiner Vaterstadt grün gefärbt; die Zweige und Blüten guckten neugierig in die neue Welt hinein; die Vögel piepten und zwitscherten; der Himmel und die Erde hatten wieder Friede gemacht; es war Frühling. Und als die Hofräte sahen, daß alles gut war, gingen sie hinaus und amüsierten sich; ich aber wurde traurig, denn der Himmel lag schwer auf mir; ich fühlte wie Don Carlos, daß mich nur augenblickliche Veränderung heilen könne, und ich packte meine Siebensachen zusammen.

Dahin flog ich über Leipzig und Dresden, durchträumte in Sachsen den schönen Traum von der Schweiz; schüttelte all mein Weh in den alten, ewig jungen Gebirgen ab; legte mein Herz an die heilige, dichtende Natur; grüßte die glühende Morgensonne, die glühende Abendsonne; fühlte die ewige Liebe und den ewigen Gott, und war glücklich, überglücklich! Ach, du hast Recht, du göttlicher Sänger:

> *Die Welt ist schön überall,*
> *Wo der Mensch nicht hinkommt mit seiner Qual.*

Und da kam schon ein Mensch mit seiner Qual: der Steuerbeamte in ***. »Haben's Mautbares bei sich?« fragte er, ließ seine Brille, die auf dem zahlenschweren Kopfe lag, auf die große Nase herabfallen, und trat meinem Wagen um einige Schritte näher. »Nein!« antwortete ich, obgleich ich Tabak bei mir hatte, nach welchem bekanntlich die österreichischen Mautleute am meisten begierig sind. Es war freilich ein Verbrechen, was ich in diesem Augenblick beging, allein Gott ist äußerst gnädig, dachte ich; vielleicht tritt auch Österreich der mächtigen Zollverbindung bei, und es ist das Wahrzeichen eines großen Geistes, seiner Zeit vorauszueilen, »Da muß i nachschau'n!« sprach der Großnasige weiter, machte aber keine Miene, seine Drohung zu realisieren, sondern sah mich mit einem Blicke an, der unendlich viel Ähnlichkeit mit einer offenen Hand hatte. Ich verstand, griff in die Börse, holte einige landesübliche Münzen heraus, und drückte ihm diese in die freundlich dargebotene Rechte. Er fühlte, und wahrscheinlich hatte ich ein schönes Gefühl in ihm erweckt, denn er verneigte sich ein wenig, gab dem Schwager einen

Wink, und mir einen Beweis, daß das Vertrauen auf die menschliche Rechtlichkeit noch nicht ganz gesunken ist. Kaum hatten aber die Pferde dreimal ihre Füße übereinander gesetzt, so trat ein zweiter Beamter heraus, der bis dahin am Fenster gelauert hatte, und ich sah deutlich, wie sie sich in meine Bitte: sich nicht zu inkommodieren, teilten. Ob in gleiche Teile, kann ich nicht sagen. –

Ich zündete meine Pfeife an, machte große Züge, und blies mit einer Art von Schadenfreude den Dampf der amerikanischen Blätter in die Luft hinein. Ja, ja, ich wußte es wohl: Österreich mag keine amerikanischen Blätter leiden, allein es schmuggelt sich dennoch nach und nach etwas von dem verderblichen Dampfe hinein; die Bürger und Bauern atmen das neue Aroma begierig auf, und zuletzt mag man weder »roten noch schwarzen König«. Sic transit gloria mundi!

Böhmen ist ein schönes, bergiges Land, aber die Böhmen haben mir gar nicht gefallen. Schon beim Durchreisen habe ich sie kennengelernt, und ich dankte Gott, als mir der erste österreichische Wirt mit seinem frischen und freundlichen Gesicht entgegenkam; das Käppchen in der Hand behielt, und auf sein: »Was schaffen Euer Gnaden?« kaum die Antwort erwarten konnte. Ein böhmischer Wirt dagegen raucht ruhig in seiner schmutzigen, stinkenden Stube fort, wenn man ermattet, hungrig und durstig hineintritt; was einem gereicht wird, ist schlecht, und man muß es für ein besonderes Glück halten, wenn man nachmittags Kaffee oder Tee in den Posthäusern bekommt. Diese Posthäuser sind an Schuhmacher, Schneider, Sudelwirte u. s. w. verpachtet, daher ist an Ordnung und Bequemlichkeit nicht zu denken; die Postillone werden wenig reguliert und machen mit den Passagieren was sie wollen; ihre Unverschämtheit mit dem Trinkgeldfordern grenzt an das Unglaubliche, und wenn man ihnen Vorwürfe macht, so schimpfen und grinsen sie einen auf böhmisch aus.

Die einzigen Ausnahmen sind Teplitz und das schöne, großartige, denkwürdige Prag. Am Tore dieses steinernen Geschichtsbuches bekam ich einen soliden Schreck, denn auch hier trat ein Mautiger an meinen Wagen und fragte, ob ich etwas beizusteuern hätte. Ich war namentlich in Besorgnis um das Wohl meiner geliebten Zigarren, denn hier konnten sie leicht in rohe Hände fallen, allein das

Schicksal begünstigte mich zum zweiten Male, und Fräulein Nemesis schien ihre ganze Rache bis zur *** Linie vor Wien aufzusparen.

Ich hätte noch keine Antwort gegeben, als ein Herr sich neben den Mautigen stellte und mir zurief:»Geben Sie ihm doch eine Kleinigkeit!« Mein Gesicht wurde purpurrot, denn ich glaubte, es müsse jetzt ein amtliches Donnerwetter losbrechen, allein der gute Dienstmensch nahm mit zärtlichem Danke meine Belohnung für seine Treue, und ließ mich weiterfahren. Man halte diese Erzählung für keine Fabel oder für eine licentia poëtica, sie ist faktisch und leicht erklärlich, wenn man die Summe nennen hört, mit welcher diese Mautbeamten besoldet werden.

Mein Lohnbediener vom schwarzen Roß war ein höchst interessanter Mensch. Er hatte sich in vieler Herren Länder herumgetrieben, die merkwürdigsten Charaktere im Negligée kennengelernt und es zur Verachtung alles Scheines gebracht; er war ein Philosoph und zwar ein ausgezeichneter Philosoph, weil er nicht alle Weisheit hartnäckig in ein System hineindrängte. Ich bat ihn zuvörderst herzinnig, mir nicht alle Merkwürdigkeiten zu zeigen; ich sagte ihm, daß ich vor diesen einen ungeheuren Respekt habe, daß ich aus Büchern die meisten Denkmäler Prags kenne, und überhaupt lieber Menschen als Gegenstände betrachte. Menschen, nur immer Menschen! Der Leser wird weiter unten sehen, daß ich angenommen: was mich langweilt, müsse auch ihn langweilen, und fast mutwillig bei allen Dingen vorübergehüpft bin, welche in die Statistik oder Topographie gehören. Ich bemerke das jetzt, denn noch ist es Zeit, dies Buch aus der Hand zu legen, ohne mir später Vorwürfe machen zu können; ich sage es ausdrücklich noch einmal, daß ich *alle* Gegenstände der Langeweile vermieden habe.

»Am wenigsten aber«, fuhr ich zu meinem Lohnbedienten fort, »zeigen Sie mir religiöse Dinge: ich bin zwar ein sehr frommer Mensch und bete alle Tage auf meine Weise, allein man muß ohnehin in Böhmen so viele Heiligenbilder sehen, wie in Preußen Warnungstafeln, und, unter uns gesagt: Ich halte es mehr mit weltlichen als geistlichen Dingen.« Er betrachtete mich zuerst mit bewundernden Augen, ließ dann ein wohlgefälliges Lächeln um seine Lippen spielen und sagte:»Euer Gnaden werden mit mir zufrieden sein.«

Nachmittag um vier Uhr fuhren wir nach dem Hradschin in die Metropolitan-Kirche zu St. Veit. Um diese Zeit pflegt Karl X. zu beten, und ich konnte mir das Vergnügen nicht versagen, einen vertriebenen König zu sehen, wie er die Hände faltet, und Gott um Vergebung seiner Sünden bittet. Als wir in die Kirche traten, sagte mein Mentor: »Halten sich Euer Gnaden die Taschen zu, denn die Leute sind hier unendlich fromm.« Der Erzbischof las eben für seinen verstorbenen Kammerdiener ein Totenamt; wahrscheinlich war der Selige ein treuer und verschwiegener Knecht gewesen, und es war eine gerechte Dankbarkeit seines heiligen Herrn, ihm einen guten Platz im Himmel zu besorgen. Die ganze Gemeinde schrie ihr »Bitt' für uns!«, an verschiedenen Altären standen die Priester und verrichteten ihre Geschäfte und knieten und küßten. Ich aber stand in heiliger Andacht vor dem silbernen Grabmale des heiligen Nepomuk, das sechsunddreißig Zentner wiegt und früher noch mehr gewogen hatte. Wenn du diese sechsunddreißig Zentner Silber hättest, dachte ich und wischte mir eine große Träne aus den Augen, wie viele Unglückliche wolltest du glücklich machen, wie viele Trostlose trösten! Du würdest auf die Straße gehen, mit vollen Händen Geld unter die Leute werfen und ausrufen: »Seht, das hat der heilige Nepomuk für Euch getan! Er ist heraufgestiegen aus seinem Grabe, hat mit Unwillen den nutzlosen Schmuck betrachtet, und ihn mir gegeben mit den Worten: »Gehe hin und gib den Armen, auf daß sie ferner nicht mehr um Brot schreien. Sage ihnen, daß der echt fromme Mensch weder der Kirche, noch des Glanzes bedürfe, um sein Gemüt zu Gott zu richten; sage ihnen, daß die schöne Natur mit ihren Wunderschöpfungen ein unentweihter Tempel des Herrn, und daß Bewunderung und Genuß alles Schönen das heiligste Gebet sei!«

»Euer Gnaden, da ist er!« flüsterte mir der Lohnbediente ins Ohr.

»Wer?«

»Der verehrungswürdige Urheber der Juli-Revolution.« Ich schaute hinauf nach der vergitterten Loge und ich sah ihn, den zärtlichen Grafen von Artois, den Monsieur! den Geber der Ordonnanzen. Er warf seine lebhaften Augen links und rechts, beugte seinen Kopf, faltete die Hände, richtete sich nach einer kleinen Pause wieder empor, riß den Mund auf und – gähnte. Und ich gähnte mit ihm; ich fühlte die Notwendigkeit zu gähnen, denn ich dachte mich in ihn hinein. Ich stampfte mit dem Fuße auf die Erde, daß die Herzogin von Angoulème zusammenfuhr; ich verfluchte Polignac und rief: Gebt mir mein Frankreich wieder! Gebt mir mein Frankreich wieder, meine zweiunddreißig Millionen Sklaven, meine Zivilliste, meine Gewalt, mein Reich. Ein König ohne Reich ist ein Reich ohne König, ein willenloses Wollen! Ich will die Nationalgarde und alle Konzessionen lassen; ich will alles versprechen, was meine Franzosen wollen; gebt mir nur mein Frankreich wieder, sonst sterbe ich hier vor Ennui! Aaah! ich muß schon wieder gähnen! – Und ich schrie in diesem Augenblick nicht:»Bitt' für uns?!« sondern»Bitt' für *mich*! Herr Christus! ich will dir für eine ganze Zivilliste Altäre bauen lassen, und für fünfundzwanzig Millionen bekommt man eine Masse Religion in Frankreich. Ich habe ja nie etwas anderes gewollt, als meine und deine Würde wiederherstellen, welche beide ihren Nimbus verloren hatten; und dein treuer Beamter Latil, der charmante Erzbischof von Reims, hat mir immer gesagt: Sire, Christus und die Tyrannei setzen in Sie ihre letzte Hoffnung; vollenden Sie nicht, woran wir schon so lange gearbeitet, so sinkt ihr Glanz und ihre Macht auf ewig! Also bitt' für mich, mein Herr Christus, und empfehle mich dem lieben Gott zur nächsten Vakanz des Thrones von Frankreich! Sonst langweile ich mich zu Tode!« Und ich gähnte zum dritten Male.

Während wir den Lorenzberg hinauffuhren, um die Aussicht auf Prag zu genießen, erzählte mein stiefelputzender Philosoph, daß die Prager Karl X. nicht liebten, weil er zwar den König fortspiele, und sein Volk, bestehend aus fünfzig oder sechzig Personen, mit all jener Weisheit regiere, die er schon in Frankreich an den Tag gelegt, – aber so sparsam lebe, daß man schon auf die Vermutung gekommen, er lege so viel Geld zurück, um sich im Innern von Afrika ein Königreich zu kaufen, und die wilden Nationen zu kultivieren.

Als ich oben auf dem Lorenzberg stand und hinabschaute auf die schöne, von der Abendsonne vergoldete Stadt, überfiel mich eine Schwermut. Ich lehnte mich an einen Baum, überhörte die Erklärungen meines Führers, starrte hinunter in das Schauspiel der Natur und in das Trauerspiel der Politik; tausend Gedanken gingen mir durch den Kopf, von denen einer hinreichend gewesen, einen Polizeisergeanten zum Commissarius zu erheben; ich ballte die

Hände, knirschte mit den Zähnen, und mein Gesicht wurde so glühend rot wie die Abendsonne. Ach, ich liebe die Menschen, auch die Böhmen. Da stand ich mitten in dem schönen Lande, an dessen Grenzen die Flegel dreschen, und so dicht dreschen, daß ungeknickt kein Lichtstrahl durchkam; kräftige, schöne Menschen gehen innerhalb des hochgebildeten Deutschlands umher und suchen nach den Brosamen, die von dem geistigen Tische fallen; kein Dichter sitzt unter ihnen, und fordert in lieblichen Weisen zum fröhlichen Genusse des Lebens auf, und wann ja einmal ein Begeisterter über die Berge zieht, wird ihm die Kehle zugeschnürt.

Mein Führer hatte mit seinen Erklärungen geendet, und schien in meinen Augen lesen zu wollen, was in mir vorgehe. Er schrieb mit seinem Stocke den Namen »Joseph II.« in den Sand, und ich klopfte ihm freundlich auf die Schulter, zum Zeichen, daß er mich verstanden. »Es ging einst eine Sonne hier auf«, sagte ich, nahm seinen Arm und trat den Rückweg zum Wagen an. »Ja, lieber Herr!« antwortete er, und der alte Mann konnte vor Rührung kaum sprechen, »eine schöne Sonne, aber sie kam zu früh, und die Nacht behauptete ihr Recht.« Und er breitete die Hände aus und rief wie ein Begeisterter: »Und doch haben die wenigen Strahlen alle Herzen erwärmt und Millionen Köpfe gelichtet, und es wird eine Zeit kommen, wo sie wieder alle zusammenbrennen werden zu einer großen, glühenden Sonne.«

Ich bestellte mir zum anderen Morgen Postpferde, nahm mir vor, auf der Rückreise Prags Leben und Treiben näher kennenzulernen; küßte zum Abschied meinen neuen Freund, den Lohnbedienten vom schwarzen Roß, und fuhr über Stock und Stein in gerader Linie nach Wien. Aber noch nicht in Wien hinein!

An der *** Linie hieß es: ›Halt!‹ und ein Mautiger trat wieder an meinen Wagen und fragte, ob ich Steuerbares bei mir habe. »Nichts, als etwas Tabak und einige Zigarren zu meinem Gebrauche«, antwortete ich, holte ein paar Gulden aus der Tasche und drückte ihm diese in die suchende Hand.

»I muß doch a bissel nachschau'n. Haben's d'Güt, lassen's aufmachen!«

Während ich gehorsam war, meinen Mantelsack und alle Pakete öffnete, hatte sich ein zweiter Beamter herangeschlichen, und lauschte mit dem einen Auge, während das andere gleichgültig in der Welt herumschweifte. Mein Untersuchender, der zuvor nur einen nachlässigen Blick über meine Effekten geworfen, mußte soeben das eine lauschende Auge seines Vorgesetzten bemerkt haben; er gab mir heimlich sein Geld zurück, und ließ meine sämtlichen Sachen aus dem Wagen auf die nahestehende Bank schaffen. Hier wurde ich aufgefordert, alles einzeln herauszunehmen und besichtigen zu lassen; einer fühlte hier an, der andere dort; jeder Winkel wurde sorgfältig untersucht, meine feine Wäsche wie Unkraut durcheinandergeworfen. Zu solchen Zeiten bete ich immer, damit ich nicht wütend werde. Hier lag ein unschuldiges Beinkleid, das diese Störung gar nicht begreifen konnte; dort sah mich mein neuester Frack mit seinen blanken Knöpfen mitleidflehend an; hier zerknitterte man eine Chemisette, dort fielen ein paar schneeweiße Vatermörder auf die Erde; eines meiner Lustspiele fiel auch; – einige angefangene Novellen wurden in den Schlafrock gewickelt und mehrere lyrische Gedichte unter die alte Wäsche geworfen; jedes Stäubchen Tabak wurde konfisziert, und endlich faßte einer meine Briefe, und begann die ungesiegelten zu lesen.

Jetzt wurde ich wild. Ich bin ein sehr guter Mensch, solange es dauert, aber wenn ich böse werde, »so bin i a Viech!« wie die Wiener sagen. »Herr!« rief ich, als er eben die Blätter entfaltete und sich's bequem zu der bevorstehenden Lektüre machte, »haben Sie auch Erlaubnis von ihrer Regierung, die namentlich alle Fremden freundlich und artig behandelt wissen will, deren Geheimnisse zu erforschen? Heischt es Ihre Pflicht, Briefe zu lesen, und das heiligste Recht eines jeden Menschen mit Füßen zu treten? Bei uns würde man das Unverschämtheit nennen und exemplarisch bestrafen!«

»Bei uns nit!« antwortete das Maut-Ungeheuer mit einer fürchterlichen Pomade, und setzte seine Unterhaltung fort; »i les' ja nur, was drin'n steht!«

Bei dieser Dummheit zuckte es mir in der Hand. Ich hätte ein Königreich für die Erlaubnis gegeben, wenn ich Karl X. gewesen wäre, diesem Steuermanne eine Maulschelle verabfolgen zu dürfen; allein ich wollte mich zu meinem Vergnügen in Wien aufhalten; bezähmte also die hervorbrechende Wut, packte inzwischen meine Sachen wieder ein, und wartete dann ruhig, bis man den Inhalt meiner

Briefe auswendig wußte. Man kann bei diesen traurigen Zeiten nichts Besseres tun, als alles ruhig abzuwarten. »Na, Se hab'n ja viel Geld z' fordern, wie i seh'. Da werden's halt vergnügt leben, Herr v***!« Mit diesen Worten, und mit einem freundlich-maliziösen Seitenblicke legte er die Briefe wieder zusammen, und kündigte mir an, daß ich des Tabaks wegen in die Amtsstube müsse. Ich folgte ihm, trat aber *aus Versehen* fehl, und ihn dermaßen auf den Fuß, daß ihm mindestens sechs bis sieben Hühneraugen abfielen. Mir wurde wieder leicht; er aber schrie wie ein gestochenes Schwein, hob das eine Bein hoch auf, und tanzte mit dem andern trotz Crombe, Nullmüller und Taglioni. »I hab' Ihnen *nur* a'fen Fuß g'treten!« sagte ich und ging in die Amtsstube.

Hier wurde ein Protokoll des eingeschmuggelten Tabaks wegen aufgenommen, und obgleich ich um die möglichste Eile bat, mußte ich über eine Stunde warten, und nebenbei einige zwanzig Gulden Münze Strafe zahlen. Man hatte den Staub aus meinem Tabaksbeutel mit gewogen, glücklicherweise aber nicht bemerkt, daß noch ein Rest in meiner Pfeife steckte, sonst wäre die Strafe höher ausgefallen. – Endlich kam ich zur Unterschrift des Protokolls, ich empfahl mich höflichst, sagte den vier oder fünf Beamten, die sich alle mit mir unterzeichnen mußten, daß es mich freue, auf eine so interessante Weise ihre Bekanntschaft gemacht zu haben; versuchte noch einmal, den Solotänzer aus Versehen auf den Fuß zu treten, er zog ihn aber schnell zurück; warf endlich einen sehnsüchtigen Blick nach meinen amerikanischen Blättern, stieg in den Wagen, und fuhr in das lärmende Wien hinein.

Das lärmende Wien.

Folge mir, lieber Leser; ich will versuchen, dich so schnell wie möglich in den Schauplatz hineinzuführen, aus dem ich meine Bilder entnehme. Du siehst riesige Häuser, aus denen alte, wunderbare Geschichten sprechen, und die mit ihrer hohen Stirn fast spottend auf das junge, spekulative Leben herunterschauen, das an ihnen vorüberzieht; du siehst große Plätze, in deren Mitte entweder eine Kirche steht, oder ein sprudelnder Brunnen, verziert mit schön gearbeiteten Figuren.

»Fahr'n mer Euer Gnaden?«

Die meisten Straßen sind zwar eng und krumm, aber ihr Pflaster ist regelmäßig und glatt; du darfst ruhig deine Augen umherschweifen lassen nach den schönen Frauen und den brillanten Kaufläden, denn du riskierst nicht wie in anderen Städten, über einen hervorragenden Stein zu stolpern, und durch komische Purzelbäume Gelächter zu erregen. Für das Wohl der Füße ist überall gesorgt; ja, diese Sorgfalt erstreckt sich weiter bis zum Magen. Gegen die Brust haben sich die Elemente verschworen; sie wird häufig durch einen schneidend kalten Gebirgswind, und durch schnellen Wechsel der Witterung inkommodiert; und was endlich den Kopf betrifft, – so findest du überall wasserdichte Hüte in der modernsten Façon.

Aber schauen wir das öffentliche Treiben näher an; zum Reflektieren wird sich Stoff genug finden. Schöne Frauen, sagte ich, und du schüttelst noch bedenklich den Kopf, während hier die lebenslustigen, kokettierenden Wienerinnen vorüberhüpfen? Ja, mein lieber Kritikus, du mußt deinen Reisepelz ausziehen, du mußt deine Empfindungen mit der Landkarte ändern, du mußt dich auch geistig akklimatisieren, wenn du alle Dinge richtig anschauen, und überall den Nagel auf den Kopf treffen willst. Man muß weder mit einer Weißbierseele Italien bereisen, noch den Nordpol im leichten Ballkleide; man muß weder mit Stubenmädchen über griechische Klassiker sprechen, noch das Rindfleisch mit dem Löffel essen; man muß überhaupt nicht dumm sein, das ist die erste Lebensregel.

Also, mein lieber Gefährte, du mußt keine kunstgemäßen Schönheiten fordern, wenn du hier empfinden willst; du mußt nicht dein

Maß aus der Tasche nehmen und an die Nase legen, ob sie nicht etwa um eine Linie zu lang, oder zu kurz, oder zu stark ist! Wir sind hier nicht im kritischen Norden, wo man schon anfängt – wie Hegel – die Natur herunterzureißen, wenn sie in ihren Erscheinungen nicht dem alles überstrahlenden Menschenverstande huldigt, oder diese sich nicht in ein System hineinpressen lassen: hier ist die Natur genial. Sie wirft Schönheiten hin und lacht einen aus, wenn man die Bildung eines Fußes nicht ganz vollkommen findet, oder mit der Wölbung des Auges nicht einverstanden ist; sie bewegt die lieben, lieben Füßchen, und läßt aus den Augen die innere Glut, das lebendige Leben aufatmen, und alle ernsten Kunstrichter sind entzückt, und werden rot bis zum Scheitel.

»Fahr'n mer Euer Gnaden?«

Du findest auch wenig schmachtende Schönheiten hier; es sind fast lauter naive und muntere Schönheiten; sie springen so glühend in das Leben hinein, als ob sie ihren Tod kaum erwarten könnten; es sind Rosenknospen, denen es ängstlich unter den grünen Blättern wird, weil sie den Schmetterling mit Duft und Liebe umfangen wollen. Du wirst sie später näher kennenlernen, sobald ich mit ihnen plaudere und kose; jetzt sind wir nur in der Außenwelt und ich darf, aus Furcht vor den strengen nordischen Kritikern, dich nicht unter das leichte, flatternde Busentuch schauen lassen. Aber wie gefällt dir dieser Kontrast? Hier hüpft eben ein reizendes Mädchen, wundernett gekleidet, an uns vorüber, und läßt alle ihre schönen Formen hervortreten, während das Auge fragt, ob du sie auch bemerkst – und neben ihr watschelt ein brauner, langbärtiger Barfüßler-Mönch. Überhöre das indifferent ausgesprochene »Fahr'n mer Euer Gnaden?« des Fiakers, der hier auf einem Steine sein Pfeifchen raucht, und heiter in die Welt hinausschaut; höre lieber auf das Klagegeschrei der fahrenden Fiaker und weiche ihnen aus. Geschwind bei Seite! Sie schreien nämlich als Warnung so, wie ein Übergefahrner schreien würde, und jagen dabei mit einer Schnelligkeit und Sicherheit durch die belebten Straßen, daß man glauben sollte, einige aus dieser tobenden Menge müßten gerädert werden. Glänzende Equipagen folgen ihnen, und die tausend und abermal tausend Fußgänger winden sich wie die Schlangen neben den uns einladenden Kaffeehäusern vorbei, an dessen Fenstern die Journalleser sitzen und aus ihren langen Pfeifen Wolken blasen. Wer mehr

Dampf macht, sie oder die Zeitungsschreiber, wollen wir jetzt nicht untersuchen. Schau hierher! Zwei ungarische Bauern mit ihren dicken Pelzen im heißen Sommer; starke, gesunde Menschen mit ihren braunen, determinierten Gesichtern. Mögen die Wiener spotten und spotten; ich habe sie doch lieb, diese Eisenmänner. Drüben gehen griechische und türkische Juden; sie gefallen dir in ihrer bunten Tracht, ihren kostbaren Schals; nicht wahr? Was mich betrifft, mir gefallen die *Jüdinnen* noch besser, die ihnen mit ihrem Kranz blanker Goldstücke um das zarte Köpfchen folgen. Das sind die besten Lorbeeren. O wie weiß ist ihr Teint, wie weich diese Züge, wie mild ihre Augen; ich möchte sie, bei Gott! gleich küssen und so lange küssen, bis ihnen die rosenroten Lippen wund geworden, aber da geht gerade ein kleiner, draller Schusterbube vorüber, und den muß ich dir wieder zeigen, neugieriger Leser, denn dieser »Schusterbua« ist der Gott der Wiener Volkspoesie; und um sein Haupt glänzt ein Heiligenschein von spaßigem Witz und witzigem Spaß. Wäre dieser Schusterbube nicht, –

»Fahr'n mer Euer Gnaden?«

– Die Fiaker, Ochse und Esel, dumme Jünglinge und putzsüchtige Mädchen, so müßte der Wiener Witz Herrn von Zedlitzky um gescheitere Gegenstände bitten, wenn er nicht sterben wollte.

Einen eigenen Reiz haben diese schönen Gemälde, mit welchen Kaufleute, Fabrikanten, Bierwirte usw. ihre Gewölbe schmücken und bezeichnen. Hier siehst du den »römischen Kaiser« in seinem Ornate, dort »den guten Hirten«; hier prangt eine »Hofdame«, dort watschelt eine »weiße Gans«; bald stehst du vor dem Bilde des »Königs von Bayern«, bald vor einem »Mönche«, und nicht weit von ihnen erblickst du einen »roten Stier«. Dort geht ein junger Ehemann »zur schönen Tänzerin«; er hätte lieber die »Stumme von Portici« wählen sollen, denn die erstere könnte plaudern. Wenn du nicht in das kleine Gewölbe zum »Polen« willst, so erfrischen wir uns in dem trefflichen Bierhause »Zu den drei Raben«. Schau' dir dort die »schöne Französin« an, aber versäume auch nicht den »Merkur«! Vor jener Apotheke werden dem »Tobias« die Augen ausgewischt; ein Advokat betrachtet das Bild mit vieler Teilnahme. Dem »Paganini« an jenem Laden fehlt das Gespenstige, Geisterhafte; viel besser ist der »Filzhut« hier gemalt. Hier ist ein »Ligurianer«, dort ein »Scheusal«. Dort heißt es »zum schönen Schauspieler«, hier »zum Hanswurst«, und »zum heiligen Geiste« geht soeben ein Freudenmädchen, und kauft sich ein Gürtelbändchen, das sie bald zu lösen wünscht. So berühren sich überall Heiligkeit und Spott. Porträts von Fürsten und Pfaffen sind in großer Menge vorhanden, aber Dichter, Gelehrte und Staatsmänner sucht man vergebens; die Zensur wird sie wahrscheinlich streichen.

»Fahr'n mer Euer Gnaden?«

Aber was ist das? Dort vor dem Kriminalgebäude versammeln sich eine Menge Menschen. Wir sind hier auf dem »Hohen Markte«. Die grün-gräulichen Polizeimänner schließen einen Kreis, und stellen eine Verbrecherin zur Schau; wir wollen näher gehen und hören, was sie berechtigt hat, in die Öffentlichkeit zu treten. Die Buben und Mädchen schreien: »A Kupplerin, a Kupplerin! Mutter, Mutter, a Kupplerin! Schau her!« – Du mußt wissen, mein lieber Gefährte, daß dergleichen gerichtliche Ausstellungen hier nichts Seltenes sind; in Wien dürfen keine Bordelle existieren, und als man dem Kaiser Joseph die Notwendigkeit solcher Institute einleuchtend machte, indem man behauptete, ohne sie würde die Demoralisation befördert, soll er geantwortet haben: er wolle kein Dach über Wien machen lassen. Die Regierung drückt daher bei vielen solcher Körperverkäuferinnen ein Auge zu, – weil sie wohl weiß, daß es sogar Seelenverkäuferinnen, und gegen diese kein Gesetz gibt, und weil sie überhaupt an das Augezudrücken gewöhnt ist, – bestraft aber gerechterweise solche Weiber, die in eine feierliche, unentweihte Familie dringen, und ihr stilles Glück vernichten. Diese Scheusale schleichen sich in das Herz junger, unschuldiger Mädchen und legen dort ihr Gift nieder; sie führen sie ohne Wissen der Eltern mit lockeren Roués zusammen, bis sie, von Schmeicheleien und Geschenken bestochen, das Opfer der niedrigsten Gewinnsucht geworden und einen Weg betreten haben, der direkt in die Kloaken der menschlichen Gesellschaft führt. Da siehst du solch eine Bestie. Sie hat sich zusammengekauert und blickt zur Erde, als ob noch Scham in ihrem Busen wohnen könne, in diesem Lexikon aller Nichtswürdigkeit! Es ist nicht so viel Unterschied zwischen Mann und Mann, wie zwischen Weib und Weib. – Da steht neben uns eine blühende Jungfrau, über welche vielleicht fünfzehn Frühlinge ihren Zauber geschüttet haben; sie schaut unverwandt nach jenem Weibe, und aus ihrem reinen, himmelschönen Auge leuchtet die fromme Seele heraus. Sie weiß noch nicht, was eine Kupplerin ist, und ein Engel flüstert ihr zu, sich nicht zu erkundigen.

»Fahr'n mer Euer Gnaden?«

Fort von hier und drüben hinüber, wo ich ein Glöckchen klingen höre! Ein Priester geht unter dem »Himmel«, der von vier Kirchendienern getragen wird, und bringt die Monstranz, oder, wie der Wiener sagt: da kommen's mit unserm Herrn! Rings siehst du fast alle Leute auf die Knie fallen, oder sich beugen und Kreuz schlagen, je nachdem sie befangen sind, oder sich erhaben über diese Zeremonie dünken. Immer weiter, immer weiter, mein Freund, wir werden später noch mehr Religion sehen; du findest an jeder Ecke ein Stückchen! Wir treten hier auf den Stephansplatz. Das ist der riesenhafte Turm, der seinen alten ehrwürdigen Kopf hoch hinausstreckt über ganz Wien, und den Fremden von allen Bergen her freundlich entgegenblickt; die ewige Poesie Wiens. Jahrhunderte sind an ihm vorübergerauscht, und haben Lieder in seine Hallen eingeschrieben, tief ergreifende, humoristische Lieder. Jeder kann sie lesen, der die Sprache Gottes versteht; Gott schreibt mit Sternen, Blumen und Steinen. Der heilige Stephan hat Fürsten gekrönt und sie zu Staub gemacht, während er des Bettlers Gebet freundlich aufnahm und Trost in seine wunde Seele goß; Millionen geschichtlicher Tränen haben seinen Schoß gefeuchtet, denn die Unglücklichen flüchteten an sein großes Herz, wann der Krieg seine zündende Fackel schwang, und das donnernde Gebrüll wütender Belagerer sie zusammenschreckte; wann das scheußliche Gerippe des Hungers über ihre Fluren zog, und das furchtbarste aller Elemente Hab' und Gut verschlang; wann die gierige Pest ihren schwarzen Rachen öffnete und die Luft vergiftete, oder Tyrannei die Herzen zerriß; – o, St. Stephan hat vieles gesehen und gehört, mein lieber Gefährte, viele große Geschichten, und jetzt hört er Strauß und Lanner spielen, und sieht die Statue des heiligen Kaiser Joseph ein ernstes Gesicht machen.

Du willst wissen, wo heute die beiden politischen Figuren (ich werde dir später sagen, warum ich sie so nenne) ihre Geigen streichen. Dort an jener Ecke, wo Fiaker an Fiaker gereiht ist, findest du eine Unzahl von Affichen, unter denen auch sie gewiß die lebenslustigen Wiener einladen. Werfe hier noch einen Blick in die große berühmte Geroldsche Buchhandlung, und laß uns nun hinübergehen. Strauß bei Donmayer in Hitzing, Lanner im Paradiesgarten, Morelli, der dritte in ihrem feindlichen Bunde, seinem Talente nach wohl zu wenig beachtet, spielt draußen in Heiligenstadt.

Heiligenstadt ist ein hübsches Badeörtchen am Fuße des Kahlenberges; Grillparzer und Bauernfeld essen gewöhnlich dort zu Abend, solange die Schwalbe durch die Blätter streicht, und du hast Gelegenheit diese beiden Männer kennenzulernen. In Wien fragt man nämlich selten nach der Wohnung, sondern nach seinem Erholungsorte, wenn man Bekanntschaft mit jemand machen will. Überhöre also künftig nichts, lieber Gefährte, wenn ich auch en passant spreche!

Da ist schon wieder Religion! Ein Kirchendiener trägt die Muttergottes-Fahne, und singend und blökend folgen ihm Männer, Weiber und Kinder; es ist eine Wallfahrt nach Mariazell. Dort, zwei Tagereisen von Wien, befindet sich nämlich ein Marienbild, das unendlich viel Wunder tut, und bei dem lieben Gott in großem Ansehen steht. Es macht Blinde sehend, Schwache stehend, Lahme gehend und Frauen schwanger; es sorgt, daß die Felder blühen und reichen Segen tragen, damit die Bauern ihre Abgaben entrichten können und von den Exekutoren nicht geprügelt werden, wie es denen geschieht, die es nicht liebt; es wischt Sünden aus dem Schuldbuche, das Jesus Christus im Himmel führt, es tut alles mögliche Unmögliche, aber man muß glauben; man muß einen sehr starken Glauben haben. Ohne diesen kann man alle seine Wunder nicht sehen, ausgenommen die Heilung der Jungfrauen; von diesem Übel werden die jungen Mädchen gewöhnlich schon im ersten Nachtlager der Prozession befreit.

»Fahr'n mer Euer Gnaden!«

Folgen wir derselben jetzt die Kärntnerstraße hinauf bis zum Hofoperntheater. Eine enge Straße und die lebhafteste Passage! Dränge dich nur recht dicht an die Kaufläden, damit sie dich nicht überfahren, diese rasselnden Equipagen, diese wilden Fiaker. Solltest du ja eine Scheibe eindrücken, so bezahle sie nicht; nur immer vorwärts! Links und rechts siehst du die berühmtesten Gasthäuser Wiens, den »wilden Mann«, den »Erzherzog Carl« und den »Schwan«; in allen dreien ist es enorm teuer, aber man *speist* in ihnen vortrefflich. Merke dir, was ich von *Speisen* spreche, damit man nicht sogleich in jeder Gesellschaft weiß, daß du ein Fremder bist.

»Na, i dank'! – Schaun's doch auf!«

»Ja, lieber Mann, ich konnte nicht dafür; man stieß mich auch!«

Holla! aus dem Wege, Gefährte, damit du dich nicht beschmutzest. Zwei – treten uns hier mit ihren langen, schwarzen Kutten entgegen; wenn du sie näher anschauest, wird es dir klar werden, daß der Teufel Familienvater ist. Die Heuchelei grinst aus ihren blöden Augen heraus und lacht sich ins Fäustchen, wenn ein Mensch der untersten Volksklasse noch so einfältig ist, den Hut vor ihrem Neste zu ziehen. Die Gebildeten speien aus, sobald sie diese heiligen Schurken, das schwarze Ungeziefer des Himmels auf der Erde herumkriechen sehen, einen Leichnam suchend, an dem sie sich satt fressen können. Sie erschleichen Erbschaften und sind die Priester der Dummheit und der Finsternis; scheu, wie alle Verbrecher, gehen sie selten allein auf die Straße hinaus, wann sie ihre Raubhöhle verlassen müssen, sondern schleichen sich paarweise durch die Menschen, von deren Feinden sie protegiert werden.

Und jetzt hinauf auf die Bastei, welche das eigentliche Wien umschließt, und die reizendste Aussicht auf die Vorstädte darbietet. Zwischen beiden sind schöne Anlagen: schattige Alleen und Wiesenplätze und der Spaziergang hier oben ist ein immer wechselndes Panorama. Jeder Schritt eröffnet dem Auge eine neue Perspektive, ein anderes Gemälde, eines überraschender, als das andere! Dicht vor uns hohe Pappeln, über deren Gipfel wir hinabschauen, dunkle Kastanien, duftige Nußbäume, und ein buntes Gewirr von Fußgängern und Equipagen; weiter hinten die prächtigen Gebäude und Kirchen der Vorstädte, und ganz hinten, die Rotunde beschließend, die grünen Gebirge mit ihren Dörfern und Lustschlössern! Man möchte gleich hinüberspringen aus dem tollen Geräusch der Städter in die stille, wonnige Natur.

Erster Traum.

Es war Nacht, finstere Nacht. Ich sah eine ungeheure Wiege, rings von Bergen eingeschlossen, darinnen lag ein gutes, kräftiges Volk. Und auf einem dieser Berge saß der hohe Beamte und wiegte, und sang eine Hymne, damit das Volk schlafe. Und wann dort oben ein Stern hervorblitzte, so stieg er hinauf und löschte ihn aus, auf daß die funkelnden, lieblichen Strahlen nicht in die Augen der Kinder fielen, und er löschte alle Sterne aus, bis es finster war und ruhig wie im Grabe.

Aber von ferne kamen Wolken gezogen, Wolken mit rosigen Träumen, und drinnen erklangen süße Lieder von Freiheit und Weltliebe; und es war, als ob die Kinder horchten, denn sie bewegten sich und lächelten; und die Lieder klangen immer süßer und wonniger, bis die Kinder erwachten und mit den Händen hinauflangten nach den rosigen Träumen.

Da ward der hohe Beamte zornig und band sie alle fest in der Wiege, und rief viele Männer herbei, die hatten finstere, grauenhafte Gesichter und trugen lange, schwarze Kleider.

Und die finsteren Männer stellten sich rings um die Wiege, jagten die Wolken mit den rosigen Träumen fort, und sagten den Kindern, sie sollten beten und schlafen, und schlafen und beten, denn solches sei der Wille des Herrn, der sie gesendet.

Und die Kinder fürchteten sich vor den schwarzen Gestalten, und machten ihre Augen zu.

Da erhoben die Männer ihre Stimmen, und sangen in dumpfer, geisterhafter Weise:

> *Wir verfluchen die Wissenschaft*
> *Und des Menschen Geisteskraft,*
> *Wir verfluchen das Licht!*
> *Schlafe und bete du Erdensohn,*
> *Bete für deines Herrschers Thron,*
> *Fluch! wer die Ketten bricht.*

> *Die Gedanken kommen von Gott,*

Aber nicht die voll Hohn und Spott
Über die Tyrannei!
Ein Gedanke nur ist erlaubt,
Der für des Regenten Haupt.
Nur der Eine ist frei!

Droben über den schwarzen Höh'n,
Erwartet die ewige Rache den,
Der hier fröhlich und frei!
Selig, die nicht denken und tun,
Die, wie wir, nur beten und ruh'n,
Und preisen die Tyrannei!

Und die Kinder fürchteten sich immer mehr vor den gespenstigen Männern, drückten ihre Augen fester zu, schliefen wieder ein und träumten von den süßen und wonnigen Liedern. Und als die Männer sahen, daß das Volk schlief, grinsten und lachten sie höhnisch und verspotteten es, und der hohe Beamte wiegte wieder und sang die Hymne.

Die Wiener.

Die Wiener haben einen großen Vorzug vor den Norddeutschen, sie sind keine Philister. Mit Lust und Liebe sehen sie dem neuen Geiste zu, der überall, in allen Köpfen und Herzen seine Knospen treibt. Keiner neuen Anschauung sind sie abhold, sondern prägen dieselbe in ihr Innerstes, sobald sie sich bewährt; sie rümpfen auch nicht die Nase über das geistige Streben der deutschen Jugend, sondern freuen sich darüber wie über den Frühling.

Da die Zensur kein Buch erlaubt, dessen Funken dem Obskurantismus schädlich sind, so greifen die Wiener nur nach verbotenen Schriften und der heilige Geist hat hier bei weitem mehr Seelen entflammt, als in dem gelehrten ***. Ich habe während meines Aufenthaltes in Wien nicht einen einzigen gebildeten Mann kennengelernt, der nicht für die Freiheit glühte, und traurig den Kopf schüttelte, wenn seines Vaterlands in mancher Beziehung erwähnt wurde; in Norddeutschland dagegen stemmen sich noch viele Tausende von Philistern und gelehrten Pedanten dem Liberalismus entgegen, und verspotten die Apostel der Freiheit mit hochtrabenden und verblüffenden Worten; hinter denen freilich das Auge des bessern Menschen nur Heuchelei oder Leerheit sieht.

Es ist ganz richtig, daß *Börne* in keinem Lande so stark als in Österreich gelesen wird, und die Wiener lesen ihn nicht nur, um ihn gelesen zu haben; er ist ihnen zum Bedürfnis geworden, weil er mit geistreicher und eisenfester Sprache ihre geheimsten Empfindungen offenbart; weil sie ihn für einen Gottgesandten halten, dessen mächtiger Einfluß auf unsere Zeit unverkennbar ist; *Heine* ist weniger geliebt und verehrt; man nennt ihn den spielenden Knaben neben dem ernsten Manne, und Wolfgang *Menzel* steht viel höher bei ihnen. *Zschokke* ist ein Lieblingsschriftsteller der Wiener, auch für alle neuere Helden interessiert man sich, und als die singende Nachtigall aus den Gebirgen herüberflatterte, als ihnen *Auersperg* seine »Spaziergänge« mitteilte, war eine allgemeine Bewegung in Wien und die Buchhändler konnten nicht so viel Exemplare des herrlichen Buches herbeischaffen, als ihre enthusiastischen Mitbürger verlangten.

Ich spreche hier natürlich weder vom hohen Adel, noch von der untersten Volksklasse. Der Wiener Adel ist höchst unschädlich; er genießt die Vorteile, welche ihm der Thron gibt, zählt zu Hause seine Ahnen, – mancher kann oft nicht bis 5 zählen – fährt in seiner Equipage durchs Leben; bezahlt seine Loge in den Hoftheatern; läßt fünf gerade sein und bekümmert sich weniger um Politik, Kunst und Wissenschaft, als um seine Mätresse. Sein Nimbus ist längst erloschen, denn in Wien ist jeder »gnädig« und »Herr von«; wer viel Geld hat, ist Kavalier, und wer weniger hat, amüsiert sich auch. In die unterste Volksklasse dagegen ist schon ein Sarkasmus gegen die bestehende Regierung gedrungen, der sich in unzähligen Scherzen ausspricht, die einen immerwährenden Stoff zur Unterhaltung bieten.

Gemütlichkeit ist ein Grundzug des Wieners, doch muß sich der Norddeutsche erst an diese Gemütlichkeit gewöhnen, denn sie hat zuweilen einen etwas unzarten Anstrich und will verstanden sein. Kurz nach einer Umarmung oder nach einem herzlichen Handschlage wirft sie dir eine Grobheit an den Kopf, die dich entweder verlegen macht, oder zum Gelächter reizt, sobald du näher mit dieser Gemütlichkeit vertraut bist. Der Wiener zirkelt nicht lange mit seinen Ausdrücken; er läßt Herz und Kopf gehen und ist überhaupt mehr Mensch als wir Norddeutsche, die wir entweder Justizrat oder Strumpfwirker oder Graf sind und immer genau berechnen und messen, ob wir unserer Ehre auch nichts vergeben, oder der andern zu wenig getan.

Wohin wir uns auch wenden, wir finden keinen Menschen: immer nur zwei Füße, die einen Titel umhertragen. Hochmut und Dünkel des vornehmen Pöbels und die Roheit des hinternehmen drücken unser soziales Wesen nieder; in Wien dagegen findet man weder eine Spur solches Kasten- noch des Schnaps-Geistes. In demselben Wirtshause, wo Lakaien, Holzträgerinnen, Fiaker und Packknechte ihre Seidel Bier oder Wein trinken, siehst Du berühmte Künstler, Kaufleute, Beamte und reiche Kavaliere mit ihren geputzten Frauen, Töchtern und Geliebten, die es gleichfalls nicht geniert, wenn neben ihnen eine Hetäre ihre lockenden Blicke schießt.

Vergnügen sucht der Wiener, und er kümmert sich wenig darum, ob alle Nachbarn sein lebhaftes Gespräch und seinen lauten Jubel hören, denn er weiß, daß man nicht die Nase darüber rümpft. Wird es ihm zu heiß, so zieht er den Rock aus; zwickt es ihn in den Beinen, so tanzt er; gefällt ihm ein Mädchen, so macht er ihr den Hof; will er spielen, so spielt er; will er trinken, so trinkt er; kurz: er ist immer Mensch, immer ungeniert!

O dieses verfluchte Genieren der Deutschen!

Auch der Pietismus, diese geistige Seuche, welche im Norden unzählige Opfer hinrafft und den Gang der Aufklärung hemmt, findet in Wien keine Anhänger. Man sollte freilich Wunder glauben, wie dunkel es noch in allen Köpfen sei, wenn man an einer Kirchtür mit großen Buchstaben die Worte liest: »*Hier ist vollkommener Ablaß zu haben!*« oder wenn man unter den Affichen an einer Straßenecke eine Menge Gebetbücher anpreisen, auf jedem freien Platze Betende knien, die Stellwagen nach dem Gnadenorte Mariazell, oder die pomphafte Prozession am Fronleichnamstage sieht; allein das alles sind Dinge, die dem gemeinen Haufen angehören, Dinge, durch welche man den Schein aufrecht halten will. Den gebildeten Wiener erbauen diese frommen Witze nicht; er fragt wenig nach Zeremonien und findet überall seinen Gott, wo er Genuß und Schönheit findet. Die Welt schmeckt mir noch, ruft er, warum soll ich verhungern?

In einem solchen pantheistischen Lande steht natürlicherweise die christliche Religion mit ihren Entbehrungen und ihrem Vertrösten auf eine jenseitige Belohnung nicht auf starken Füßen, und setzt der Himmel wieder einen so aufgeklärten Fürsten wie Joseph II. auf den Thron Österreichs, so wird es sich zeigen, welch ein großer Fonds zur geistigen Freiheit in diesem Volke vorhanden, wie unendlich gerade dieses Volk von der Natur begünstigt ist.

Am liebenswürdigsten ist der Wiener als Gastfreund. Er will deine Bekanntschaft machen, ladet dich ein, mit ihm über Land zu fahren, oder bittet dich, ihn auf seinem eigenen Gütchen zu besuchen. Mit offenen Armen kommt dir ein fremder Mann entgegen, öffnet sein ganzes Herz und sein ganzes Haus, führt dich zu seinem freundlichen Weibe, ruft die blühenden Kinder herbei, und ehe eine halbe Stunde vergeht, bist du Mitglied einer glücklichen Familie. Alles steife, zeremonielle Wesen ist verbannt; je ungenierter du bist, je fröhlicher du, je mehr gefällst du. Man hat dich weder eingeladen, der Konvenienz ein Opfer zu bringen, noch silbernes Tee- und Kaffee-Geschirr, prächtige Möbeln usw. glänzen zu lassen; man will nur ein paar Stunden fröhlich mit dir sein, um öfter fröhlich mit dir sein zu können, und dennoch wird es dir an nichts fehlen, selbst an Glanz nicht.

Die Tafel ist serviert, und die Regsamkeit deines Gastgebers wird reger. Er ist bereits dreimal in der Küche gewesen, hat selbst im Keller den Wein ausgesucht, damit der Bediente keinen schlechteren Jahrgang greife; er hat selbst den Draht vom Champagner gelöst, und diesen in ein Kühlfäßchen mit Eis gestellt; hat überall nachgesehen, ob alles in Ordnung; er hat seine Frau, die älteste Tochter und die Domestiken zweimal erinnert, ja recht genau auf das Wohl des Gastes achtzuhaben; nun endlich ergreift er deinen Arm, führt dich zwischen zwei hübsche Weiber und setzt sich selbst dir gegenüber, um die Mahlzeit zu regulieren, und sich an deinem Wohlgefallen über die verschiedenen, fein zubereiteten Speisen und trefflichen Getränke zu ergötzen. Ich rate dir, hin und wieder mit Delikatesse etwas delikat zu nennen; es ist eine kleine Schwachheit des Wieners, nicht vergebens für dich gesorgt zu haben: mit deiner Zufriedenheit und einem kleinen Enthusiasmus über seine Küche machst du ihn auf zwei Stunden zum Gotte. Und du darfst dreist loben, ohne gegen deine Überzeugung zu sprechen; man behandelt hier die Küche niemals als eine Nebensache; die Kochkunst ist hier eine wirkliche, heilige Kunst, unter jedem Rauchfange findest du ihre Muse. Man treibt keinen Dilettantismus mit dem Kochen, wie es leider noch im Norden geschieht. Ich habe hier Braten und Mehlspeisen gefunden, die meine ganze Aufmerksamkeit in Anspruch nahmen; ich kann nicht leugnen, daß ich manchmal sehr stark in Wien gegessen habe, und doch ist es mein Grundsatz, mich niemals ganz satt zu essen, weil jeder Mensch uninteressant wird, sobald sein Magen keinen Wunsch mehr hat.

Ist nun einmal die Laune des Wieners rosenrot geworden, so wälzt er sich aus einem Spaß in den andern, und gehst du ohne alle Rücksichten darauf ein, so wird er fast überlustig und überherzlich, drückt dir zehnmal die Hand, umarmt dich, küßt dich, und wird so durch und durch der natürliche Mensch, daß eine hannoversche Ehefrau den Schwindel in seiner Gesellschaft bekäme.

Nun geht es zum Spiele, zu einer der wichtigsten Beschäftigungen des Wieners. Seine Augen, die bisher lebhaft glühten und wie ein Diamant alle Farben strahlten, bekommen jetzt einen ernsten Charakter. Er nimmt die Karten zur Hand, wie der Professor das Kompendium; er setzt sich auf seinen Katheder und geht an seine größte Wissenschaft. Schon im nächsten Augenblicke gilt es, theoretische Kenntnisse und Erfahrungen in Anwendung zu bringen; seine Ehre scheint im buchstäblichen Sinne des Wortes auf dem *Spiele zu* stehen, und es ist jetzt wahrlich nicht so wichtig, ob O'Connel das Oberhaus stürzt, oder daß der Wiener seinen Robber gewinnt.

Sollte dir, lieber Nordländer, das Unglück passieren, daß du einen Fehler machst, so nimm es dem lieben Wiener nicht übel, wenn er dich, den er noch vor dreißig Minuten herzte und küßte, mit aller Strenge anfährt, und dich mit zornglühenden Augen auf deinen Fehler aufmerksam macht. Die Sache ist für den Moment viel bedenklicher, als du glaubst; in zwei Minuten lacht und scherzt dein Gastfreund wieder.

Denselben Eifer zeigt der Wiener auch im Theater. Der Liebling in der Burg, bei dessen Erscheinen schon Kinder und Greise enthusiastischen Beifall spenden, wird ausgezischt, wenn er sich verspricht; der Sänger im Kärntnertor-Theater, bei dessen Tönen man den Kopf hin und her bewegt, und sich in seinen Melodien zu baden scheint, erhält unzweideutige Beweise des Mißfallens, sobald seine Kehle einen Bock schießt, und der angebetete Komiker an der Wien oder in der Leopoldstadt fällt in momentane Ungnade, überschreitet er mit seinem Spaße die Grenzen, die freilich weit genug ausgedehnt sind.

Des Wieners Eifer, Lebendigkeit und Genußsucht wachsen von Tag zu Tag. Nur bei jungen Leuten findet man zuweilen eine gewisse Trägheit und Gleichgültigkeit, wo aber der Lebenswinter schon äußerlich seine Flocken zeigt, ist innerlich noch immer treibender Frühling, und ich bin fest überzeugt, daß der Norddeutsche viel früher als der Österreicher in den Himmel kommt, denn jener schläft drei Vierteile seines Lebens, dieser aber bedarf gewiß einer langen Ruhe, bevor er wieder zu neuem Leben, zu neuen Genüssen erwacht.

Die Wienerinnen.

Das Wort »liebenswürdig« scheint eigens für die Wienerinnen erfunden zu sein; es gibt kein Epitheton, das sie treffender bezeichnet. Sie hüpfen heiter und wohlgemut, voll Mutterwitz und reizender Natürlichkeit in die Welt hinein, pflücken hier und da eine Blume, legen sich an die Herzen der Männer, schäkern und kosen, und hüpfen ebenso froh wieder aus der Welt hinaus, denn sie glauben, im Himmel gäbe es lauter schöne, geistreiche und galante Männer. Das erste Wort, das sie buchstabieren lernen, ist: Mann; der letzte Seufzer, der in ihren Seelen zittert: Mann! Sie wären Atheisten, wenn sie sich Gott nicht als ein männliches Wesen dächten; sie leben und weben, atmen und denken, zittern und fühlen nur für die Männer, und das ist recht, das ist liebenswürdig, entzückend! Das Weib soll nur für den Mann leben, der Mann für die Geschichte, so ist die Ewigkeit fertig und das Leben erhaben.

Die Wienerinnen halten jeden Tag für verloren, an welchem sie nicht mindestens mit einem hübschen Manne kokettiert haben; die Berlinerinnen den, an welchem sie nicht zehn Mal ihre Augen niederschlagen mußten. Die Wienerinnen sprechen am liebsten mit Männern, die Berlinerinnen *von* Männern; die Wienerinnen sind tot, wenn sie unter sich, die Berlinerinnen, wenn sie unter Männern sind; die Wienerinnen freuen sich und prunken damit, wenn ihnen der Hof gemacht wird, die Berlinerinnen freuen sich und suchen es zu verbergen.

Die Wienerinnen sind ganz Weib, die Berlinerinnen bis zum Kopfe.

Die Wienerinnen sind voll Leben, die Berlinerinnen voll Lebensregeln.

Die Wienerin sagt: ich liebe Dich! die Berlinerin: ich will es nicht leugnen, daß ich eine Neigung für Sie empfinde.

Die Wienerin wird durch einen Kuß Mutter, die Berlinerin bedarf des Priesters oder der Leidenschaft dazu.

Das Herz der Wienerinnen liegt in ihren Augen; was sie fühlen und denken, verraten sie mit dem ersten Blicke; sie sind unfähig, ihre Empfindungen zu verbergen. Sei es Haß, Liebe oder Gleichgültigkeit, was sie bewegt, immer wirst Du wissen, woran du bist. Hat dich eine Dame auf der Promenade zwei oder drei Mal mit ihren lebhaften Augen betrachtet, so wird dein freundlicher Gruß im Theater freundlich erwidert, und küßest du ihr beim Nachhausegehen die Hand und begleitest diese Artigkeit mit einer Schmeichelei, so fühlst du deine Hand leise oder stärker gedrückt, je nachdem sie für dich empfindet. Nun schwärme aber nicht gleich von einer Eroberung. Glaube nicht schon im Paradiese zu sein, wenn du einen Apfelbaum siehst! Sie hat dich gern, das übrige wird sich finden. Ob sie dich liebt, ist eine andere Frage, ob du noch um einen einzigen Schritt weiter kommst; ob du künftig statt der Hand die lieblichen, schwellenden Lippen küssen, Glut um Glut mit ihr tauschen darfst, ist noch sehr ungewiß, liegt noch zweifelhaft, wie die Sonne hinter trüben Wolken.

Aber verzage auch nicht, du frommer Christ! Glaube an die Liebe der Wienerinnen, wie an die Unsterblichkeit; vielleicht ist dieser Glaube deine Seligkeit, vielleicht realisiert sich dein Hoffen auch. Nur leise greife die Festung an; denn Sturm wird gewöhnlich mit aller Macht erwidert, und deine Pläne sind auf ewig gescheitert. Hungere ihr Herz aus, dann übergibt es sich dir auf Tod und Leben.

Vor allen Dingen aber sei artig und galant, wenn du eine Wienerin für dich gewinnen willst, denn nach diesen Eigenschaften sucht sie oft lange Zeit vergebens. Sie gibt oft Monde hindurch Feuer aus ihren Herzensspiegeln, bald auf diesen, bald auf jenen Mann, aber immer wird dieses Feuer durch Keckheit, Gleichgültigkeit oder Roheit gelöscht; die zarte Weiblichkeit zieht sich entweder verletzt zurück, und ruft, wenn auch ungern, ihr noli me tangere! oder sie wird selbst roh unter rohen Händen.

Wer hat eine edle Anschauung des Weibes und wäre nicht erschrocken, wenn er die jungen Wiener im Umgange mit Mädchen und Frauen beobachtete; wer wäre nicht erschrocken, wenn er Gespräche hörte, in denen nur die eindeutigsten Zweideutigkeiten Frohsinn und Gelächter verbreiten; wen hätte es nicht tief in die Seele geschnitten, wenn er ein Weib Worte sprechen hörte, die ihre Rosenlippen und ihre geistige Schönheit vergiften?

Ich liebe die Wiener mehr als meine Landsleute, aber eben deshalb drängt es mich, sie von dieser Seite hart anzugreifen, ich bin weder pedantisch noch prüde, aber ich hege die Meinung, daß eine Poesie im Umgange beider Geschlechter bleiben muß, sollen nicht die edelsten Gefühle erstickt, die Weiber zu Hetären, soll nicht der Mensch zum Vieh werden! Liebt und umschlingt euch in Lust und Wonne, aber es sei ein geistiger Genuß, kein tierischer; wenn sich Eure Lippen voneinanderreißen, behandelt Euch mit Zartheit und Delikatesse, sonst stirbt Eure Neigung; Ihr werdet gemein, roh, Euch selbst zuwider!

Das Weib ist weich und warm, und nimmt jede Form an; unter der Liebe eines edlen Mannes öffnen sich ihre heiligsten und schönsten Empfindungen, erschließt sich ihre ganze Göttlichkeit; unter rohen Händen wird es zum gemeinen Geschöpf, das Philosophen und Satiriker mit Recht verachten.

Unsere Welt wird noch viel schöner werden, sobald wir die echte Anschauung, und durch diese die Veredlung des Weibes selbst haben. Die alte Welt übersah seine geistige Schönheit ganz oder machte es zur Sklavin; das Mittelalter mit seiner enthaltsamen Romantik war närrisch und machte das Weib ebenso, und die neuere Zeit, welche überall reformiert, geht offenbar zu weit mit seiner Emanzipation und zertritt die Heiligkeit. Sie will dem Weibe seinen herrlichsten Schmuck rauben, aus jeder Blume einen Fruchtbaum machen; sie verwirft sogar die Ehe und will an jeder Ecke lieben!

Es ist freilich schmerzlich, jede schmachtende Blondine mit der Überzeugung sehen zu müssen, sie nie küssen zu dürfen, weil ich mich für dieses ganze Leben hindurch an meinen lieben schwarzen Engel gefesselt weiß; es ist freilich schmerzlich, fast unnatürlich! Aber diese Welt, man mag sie anfassen, wo man will, ist einmal nicht vollkommen, und Ihr vernichtet mit der Ehe unendlich viel Schönheit und Tugend. Liebt nur einmal wahr und innig, fühlt Euch glücklich und selig durch den Besitz eines Mädchens, in dem jede Fiber nur für Euch zittert: zum Teufel ist eure ganze Philosophie, und ihr seid wieder die Glocken, die mit großem Lärm die Einwohner zur Kirche rufen und selbst draußen bleiben. Ein schönes, erhebendes Gefühl bleibt es immer, zwei Menschen mit allen ihren Wünschen und Hoffnungen, Tugenden und Leidenschaften sich in einen verschmelzen zu sehen.

Die Gegenwart ist noch überall zerrissen; mit der tollsten Frechheit geht die lächerlichste Prüderie Hand in Hand. Dieselben Männer, welche mit lastergierigen Augen Gift in das reine Herz eines Weibes spritzen und überall genießen wollen, wo das Tier in ihnen erweckt ist, dieselben Männer spotten eines heißliebenden Mädchens, das sich von ihresgleichen verführen ließ und rümpfen die Nase, wenn ein Kind neben der jungen Mutter geht, die den Vater desselben nicht Gatte nennen darf. Sie verhöhnen sich selbst mit dieser Prüderie. Seid lieber zartfühlend im Umgange mit dem zarten Geschlechte; seid im süßesten Augenblicke zart und laßt das Fleisch nie allein, sondern den Geist immer über dem Fleische; bringt so viel Poesie in die Welt wie möglich, es ist doch Prosa genug vorhanden!

Auch mich, warum soll ich es nicht gestehen? interessiert eine Jungfrau weniger, aber ich hasse es, die Blumen mit einer Mistgabel zu pflücken. Eine Jungfrau ist ein weißer Bogen Papier, auf dem unendlich viel Schönes Raum hat und schlummert. Erst, wenn ein Weib warm geworden, wenn ihr die Liebe wie ein Frühling ins Herz gezogen, und alle Blumen und Blüten geweckt; wenn sie sich glühend an die Brust des Mannes geworfen und ihre Glut in ihn hineingeküßt; wenn alle Äußerlichkeiten von ihr herabschmelzen, und Wahrheit und Natürlichkeit aus allen ihren Poren herausduften. dann erst wird das Weib geistig schön! Dann ist sie das Wachs aus dem der Mann entweder einen Engel oder einen Teufel formt! Aber verführt und entheiligt sie nicht durch gemeine Reden; reißt ihr nicht durch spottwohlfeilen Witz jeden Schmuck stückweise herunter, und macht sie nicht zur Hetäre, während sie noch eine mediceische Jungfrau ist. Das Wort ist oft scheußlich, wo die Tat nur menschlich war. –

Die Quelle dieses Übels entspringt teils aus der Politik Österreichs, eine Politik, die für viele geistige Genüsse nur Schleichwege offen läßt und jeden Gebildeten auf diese Schleichwege zu führen scheint; teils aus der Religion. Welche menschliche Interessen soll die Volkspoesie berühren, wenn sie die heiligsten Interessen nicht berühren darf; welcher Stoff bleibt der Satire, wenn ihr jedes Tor versperrt ist, das in die Gegenwart führt? Fast einzig: Liebe und Ehe. Kann man nun aber bei einem Volke, das den Spaß über alles liebt, unter solchen Verhältnissen andere, als triviale und ekelhafte Gestalten erwarten? Man sehe die Gebilde der Volkspoesie auf allen Theatern: es sind fast lauter geistige Mißgeburten; Seelenkrüppel; Weiber, denen jeder weibliche Reiz fehlt; Männer, die aller männlichen Würde entbehren; durch und durch gemeine Wesen, die den verderblichsten Einfluß auf Sitten und Bildung des Volkes haben müssen. Die Zensur streicht zwar jede Zweideutigkeit, aber sie kann weder Figuren noch Situationen streichen, und jedes Wort wird gemein, sobald die Verhältnisse gemein sind.

Wohin soll sich Witz und Satire flüchten, wenn ihm die Straße, das öffentliche Leben verboten ist? In die Kloaken. Da lebt er, von dort aus wirkt er, von dort aus beschmutzt er die Seele des Volkes mit Schlamm und Kot. Im Wurstelprater und im Lerchenfeld sitzt Vater und Mutter, Sohn und Tochter, und alle lachen herzlich über die giftigsten Zoten, die mit artigen Melodien überzuckert, aus dem Munde der sogenannten Harfenisten ertönen und von höchst charakteristischen Mienen und Gesten begleitet werden; um ihren Effekt zu erhöhen; in den Volkstheatern aber liegt das Gift versteckter, und hat folglich eine noch größere Wirkung. Dazu kommt nun ein Verbot, das offenbar die Demoralisation befördern muß, und die römisch-katholische Kirche, die es nicht erlaubt, sich von dem Wesen zu trennen, das der Natur und dem Geiste eines andern widerlich geworden; die also auf diese Weise rohe und unnatürliche Verhältnisse bildet, Scham und Zartheit vernichtet! Man kann nicht viel Schritte in Wien machen, ohne auf eine Mätresse, eine soutenierte Dame zu treffen, und diese sind ebenfalls Raupen in dem Garten der Geselligkeit; denn äußerlich fein und reizend, ist ihre innere Gemeinheit doch nicht geeignet, eine edlere Anschauung, und durch diese die Veredlung des Weibes selbst hervorzubringen.

Mir wird ganz warm, wenn ich daran denke, wie liebenswürdig die Wienerinnen werden müßten, würden sie von Jugend auf mit Schonung behandelt, würde die Poesie ihrer Weiblichkeit nicht mit roher Zunge verspottet; fänden sie in den Männern Verehrer statt Verzehrer. Ihre Zutraulichkeit, ihre Herzlichkeit würde noch mehr Reiz, ihre geistige Schönheit mehr Grazie und Form bekommen; ihre Natürlichkeit würde lieblicher, ihre Glut süßer werden; ihre

Seelen würden freier aufatmen in der reinen und milden Luft; sie würden die Engel auf Erden sein, nicht so langweilig wie jene im Himmel.

So häuslich sind die Wienerinnen nicht, wie die Engländerinnen, denn sie sind lebenslustig. Sie sind auch nicht so gebildet, wie die Damen in Paris und Berlin, aber auch nicht so verbildet. Sie lieben die Männer, die Natur und ihre Kinder; aber die Wissenschaft ist ihnen zu kalt, zu gefühllos. Apollo ist ihnen schon recht, wenn sie gerade keinen andern Mann haben, aber Minerva ist ein Frauenzimmer, und flößt ihnen kein Interesse ein.

Die superklugen Norddeutschinnen blamieren sich in einer Männergesellschaft ebenso oft, als die Wienerinnen gefallen, und ehe diese von Politik, Philosophie usw. sprächen, ließen sie sich lieber hundert Küsse auf die warmen Lippen drücken. Sie schwärmen auch nicht für die großen Männer der Vorzeit und geraten nicht in gelehrte Zuckungen, wenn sie von Herodot, Homer, Demosthenes, Euripides, Sokrates oder gar von Plato sprechen hören: was sollen sie mit diesen Männern, die längst zu Staub geworden?! Ihnen ist Alexander ebenso gleichgültig, wie Cäsar, Hannibal wie Napoleon, Friedrich der Große wie ein preußischer Leutnant von vierzehn Jahren! Diese Leute sind alle im Kriege groß geworden, und den Krieg hassen die Wienerinnen über alles, weil in demselben so unendlich viel Männer getötet werden.

Die Staël, die Rahel und Bettina Brentano sind kluge Weiber gewesen, die letzte ist es sogar noch, aber wären sie alle so schön wie geistreich und alle in eines verschmolzen, so wäre mir eine hübsche Wienerin mit ihrem Mutterwitz, ihrer Lebenslust und natürlichen Wärme tausendmal lieber, als dieses Amalgama weiblicher Wesen, die sehr viel Gelehrsamkeit, Verstand und alles hatten, nur nichts Weibliches.

Mit diesem Vorzuge der Wienerinnen schließe ich meine Charakteristik, damit ich mir das Leben in Norddeutschland nicht ganz verderbe, und füge noch als captatio benevolentiae hinzu, daß man auch Wienerin sein kann, ohne gerade in Wien zum ersten Mal das Licht der Sonne erblickt zu haben.

Sie aber, meine liebenswürdige Dame von der Kaiserstadt, werden mir vorwerfen, daß ich ein wenig schnell und zuweilen mit keckem Pinsel male, und da haben Sie wieder Recht. Ich bitte tausendmal um Entschuldigung, wenn ich irgendwo gefehlt habe, und ich sehe es deutlich in Ihren wunderschönen Augen, daß Sie mir schon im Vorwurfe verziehen haben. Gnädige Frau: i küß' die Hand!

I küss' die Hand.

In diesem Gruße der Wiener und Wienerinnen liegt die zarteste Bezeichnung ihres Umganges; die fleischliche Berührung schimmert durch alles, was sie tun und sprechen. Ist der Fremde ein Mann von Welt, so wird ihn sein galanter Instinkt sehr bald zum richtigen Gebrauche dieser Sprachfigur bringen.

Der junge Wiener reibt sich die Augen, sobald die Strahlen der Sonne ihn geweckt haben, wirft die leichte Decke von sich, steigt aus dem Bette und hüllt sich in den bunten Schlafrock. Da tritt das niedliche, saubere Dienstmädchen herein und bringt frisches Wasser in der Karaffine. »I küß' die Hand!« sagt sie und erwartet fernere Befehle.

Peppi aber ist hübsch und Eduard schlingt seinen Arm um ihre schlanke Taille. »Na lassen's mi los!« ruft sie, »die gnäd'ge Frau ist in de Kuchel!« Eduard bittet sie, wiederzukommen, wenn die gnädige Frau ausgegangen; Peppi aber lacht ihn aus, macht einen Knicks und hüpft mit einem spöttischen: »I küß' die Hand!« zur Tür hinaus.

Die alte Wäscherin kommt, nimmt ihren großen hölzernen Wäschkasten von den Schultern, legt die weißen Hemden, Kragen und Gilets in die Kommode, brummt ein: »i küß' die Hand!« und wackelt wieder ab.

Zwei muntere Kinder mit frischen Wangen hüpfen herein, ergreifen, ohne ein Wörtchen zu sagen, die Hand des jungen Wieners, küssen sie und bestellen eine Einladung ihrer Eltern, heut Mittag bei ihnen zu speisen. »I laß' die Hand küssen!« sagt Eduard, das heißt, er wird kommen.

»Grüß' di Gott! Grüß' di Gott!« – »Grüß' Euch Gott!« Zwei Fremde sind mit brennenden Zigarren eingetreten, werfen sich auf den Sofa und erzählen ein komisches Abenteuer, das sie gestern mit zwei hübschen Mädchen erlebten.

»Gehst heut abend in's Kärntnertor, Eduard?«

»Was geben's?«

»Den Freischütz!«

»Schon wieder? Na, i küß' die Hand!« antwortet er ironisch, und du kannst ihn heut abend überall treffen, nur nicht im Kärntnertor-Theater.

Sie wandeln nach der Promenade, werfen links und rechts feurige Blicke, spielen im Kaffeehause drei Partien Domino und trennen sich mit dem Versprechen, sich abends im Sperl wieder zu finden. Eduard eilt zu seinem Diner, es ist hohe Zeit. Er tritt in das elegante Zimmer, sieht zehn bekannte Damen und sechs bekannte Herren, verbeugt sich artig und fertigt sie alle mit einem freundlichen: »I küß' die Hand!« ab, nur zur Frau vom Hause geht er, um diesen Gruß zu realisieren. Die Tafel beginnt. »Sie werden an meiner Seite sitzen, Herr von C.!« – »Gnädige Frau!« ruft Eduard, und wirft ihr einen glühenden Blick in die glühenden Augen, »i küß' d'Hand!« – Österreich schreibt seine Geschichte: man ißt, man trinkt, man reißt einige Späße, man urteilt über die neue Oper, schimpft auf Duport, und verdammt den Direktor Carl; man flüstert bei der Zwischenspeise ein Ah! und ein Delikat! man lacht, kokettiert, findet die Mehlspeise unübertrefflich und geht mit innerem Wohlbehagen an die duftenden Fasanen. »Na, i bitt', essen's noch a Bissel Braten, Herr von C.!«

»I küß' die Hand, gnädige Frau! Ich kann nicht mehr.«

Und bei dem Kaffee flüstert die gnädige Frau dem jungen Wiener ins Ohr: »i bin diesen Abend allein im Kärntnertor, kommen's hin!« und der junge Wiener lispelt ein freudiges: »I küß' die Hand!« und du triffst ihn doch um sieben Uhr in der großen Oper, obgleich er's verschworen hatte, den Freischütz wieder zu hören.

»Curios!«

Der Superlativ alles Interessanten heißt beim Wiener: »Curios«; ein neuer Beweis, daß die Sprichwörter und Sprachfiguren immer die besten Quellen zur Zeichnung des Volkscharakters sind.

»Finden Sie die Rettich wirklich so vortrefflich?«

»Na i glaub's! das is a curiose Schauspielerin!«

»Haben Sie sich am Sonntag in Mauerbach unterhalten?«

»Na curios!«

»Sie waren ja gestern in der Burg. Das neue Trauerspiel von Grillparzer soll gut sein?«

»Ah, das müssen's sehn! Das is a curioses Trauerspiel!«

»Verstehst? Wissens?«

Wenn der Wiener eine Geschichte erzählt, eine Beschreibung oder Erklärung gibt, so fragt er nach dem zehnten oder zwölften Worte, ob man ihn verstanden, ob man weiß, wie er dies oder jenes gemeint hat. Freilich erwartet er keine Antwort, denn seine Frage ist nur eine sprichwörtliche Gewohnheit, aber es bleibt doch interessant zu erforschen, ob diese aus Arroganz oder Bescheidenheit entstanden; ob der Wiener ursprünglich gemeint, Fremde – denn die Fremden sind sicher zuerst gefragt worden – könnten sich vielleicht nicht zu seinem Geiste hinaufschwingen, oder ihm selber fehle das Talent, sich deutlich zu machen. Ich bin für die letztere Meinung, denn der Wiener wird nur dann arrogant, wenn ihn die Arroganz eines andern beleidigt.

»Halt!«

Die Wiener sagen immer »Halt!« andere Nationen wollen weiter. –

So sprach ich, nachdem ich drei Tage in der Kaiserstadt verlebt, und so gut wie jeder andere Norddeutsche meine Vorurteile mitgebracht hatte. Als ich aber die Wiener näher kennenlernte, suchte ich jenes »Halt!« höher, viel höher, in den Wolken, in den Sternen. – Die Wiener sagen nur darum »halt«, weil sie halt nicht anders können. Es liegt in ihrer Atmosphäre, und nur in der ihrigen; sie wissen selbst nicht anzugeben, was ihr liebes »halt« bezeichnet und wo man es brauchen muß; nicht ihr Verstand, sondern ihre Seele weiß es an die rechte Stelle zu setzen. Durch jedes »halt« das sie hinausklingen lassen, wird ihnen leichter, und ich wette darauf, daß der Wiener eine sehr unruhige Nacht hätte, schickte er nicht mindestens ein paar Dutzend Halts am Tag in die Welt. Ein Fremder kann sich gar nicht besser in Wien blamieren, als wenn er das »halt« gebraucht, oder gar »holt« und »holter«, wie man es in Büchern findet. Es bleibt einmal das Geheimnis einer Wiener Seele; es liegt wahrscheinlich in den Backhendeln. Ich habe geforscht und geforscht; ich habe mir alle verschiedenen Fälle notiert, in denen ich das »halt« gebrauchen hörte; ich fand, daß es zuweilen für »nun«, für »einmal« steht, daß es zur Bekräftigung, zum Aufmerksammachen dient; aber wie ich auch sann und forschte, forschte und sann: »es tat's halt nimmermehr!«

»Sauber!«

Auch bei diesem Wörtchen, das die Wiener zu einem so großen Worte machen, hätte ich gern ein geistreiches Philosophem angebracht, müßte ich nicht, aufrichtig wie ich bin, gestehen, daß ich mir den Ursprung seines Gebrauchs gar nicht zu erklären weiß. Der Wiener nennt sein schönstes, sein liebenswürdigstes Mädchen: *ein sauberes Mädchen*, und doch sind alle seine Weiber reinlich und zierlich, also sauber. Woher kommt nun dieses Epitheton? Ich ärgere mich, daß ich durchaus keine Ursache aufzufinden weiß, und ersuche hiermit die Wiener, ihre schönsten und liebenswürdigsten Mädchen ferner nicht »sauber« sondern »delikat« zu nennen, damit ich geistreich sein kann!

»Geh!«

Wenn man in Wien »Geh!« sagt, so meint man damit merkwürdigerweise: »Komm'!« zuweilen sagt man sogar: »Na geh, komm' her!« – Ich glaube, daß die Wienerinnen diese Wendung erfunden haben. –

»Schlimm!«

Die liebenswürdige Toleranz des schönen Geschlechtes in der Kaiserstadt spricht sich am deutlichsten durch den Sinn aus, welchen sie diesem Adjektivum beilegen. Einen Mann, den andere Damen als zudringlich, roh, wollüstig, ja sogar als gemein bezeichnen würden, nennen die Wienerinnen nur »schlimm«, und drücken höchstens durch die Betonung dieses Wortes einen größeren oder kleineren Unwillen aus, den sie über eine unzarte Behandlung empfinden. Ein zierliches Mädchen geht über die Bastei und regt die Gefühle eines lockeren Gesellen auf. Er geht, unbekümmert der Vorüberwandelnden, die sich darum nicht kümmern, auf sie zu, klopft ihr den blendenden Nacken, umarmt und küßt sie, und geht wohl in seinen Angriffen gegen die Persönlichkeit noch weiter. Das Mädchen schreit nicht, schimpft nicht, sondern windet sich mit einem »Na nit!« los und fügt, sobald sie befreit ist, hinzu: »Sie sind a schlimmer Herr!«

In einer feinen Gesellschaft werden Anekdoten erzählt. Zuerst handeln diese von der Naivität der Ungarn, später müssen die Berliner herhalten, dann drehen sie sich um das Schauspiel und nehmen nach und nach einen so zweideutigen Charakter an, daß die Herren sich vor Lachen wälzen möchten. Was tun nun die Damen? Sie sehen sich untereinander an, schütteln lächelnd die lieben Köpfchen und sagen: »Die Herren sein heut wieder sehr schlimm!«

Eine fröhliche Gesellschaft hat die lärmende Stadt verlassen, und jubelt im grünen Tale unter blühenden Bäumen. Alle vergnügen sich, nur eine schöne Frau nicht. Sie wird von einem siebenzehnjährigen Jüngling verfolgt, der sie mit seiner unreifen Liebe fast überschüttet, ihr die albernsten Schmeicheleien in die Ohren flüstert, und jeden Mann durch seine naseweise Glut verdrängt, die Wienerin hält diesen Tag beinahe für einen verlorenen, aber der junge Mensch dauert sie dennoch, er wird mit der Zeit älter und verständiger, und sie sagt ihm selbst, wann seine Zudringlichkeit den Kulminationspunkt erreicht, nichts weiter als: »I bitt' Sie, Herr von Pappstoffel (oder wie der Flegeljährige heißen mag) lassen's mich! Sein's nit so schlimm!«

Und wenn ein junger geistreicher Mann ein feuriges Weibchen, dessen phlegmatischer Gemahl nur an der Pfeife Geschmack findet, den Abend über vor allen anderen Damen auszeichnete, und seine Liebe durch verstohlene aber heiße Blicke sprechen ließ, so drückt sie ihm beim Nachhausegehen die Hand und lispelt: »Liebenswürdig sind Sie, sehr liebenswürdig, aber – schlimm!« Und wenn der junge Mann mit zärtlichem Tone frägt, ob er künftig noch liebenswürdiger und noch schlimmer sein darf, so lächelt sie freundlich, läßt sich vor ihrer Türe dreimal die weiche Hand küssen, und träumet die ganze Nacht hindurch von *schlimmen* Männern.

Der Wiener Jargon ist im Ganzen lebhaft, drollig und gemütlich; er liebt die Diminutiven, überhaupt die Diminution, und läßt mit sich machen, was man will. Er ist ein seelensguter Mensch der Wiener Jargon, und wird immer gutmütiger, je weiter er sich herabläßt.

Man wundert sich schon, wie die vornehmen Leute mit ihm umgehen; man wundert sich über alle Kaufleute, Fabrikanten usw., die ihn über ihre Schilder jagen; aber was er sich vom niederen Volke gefallen läßt, das geht ins Weite; das ist ungeheuer! würden die Wiener sagen. Da ist an seine Mutter, die deutsche Sprache, gar nicht mehr zu denken; der Junge hat alle mögliche Naturen angenommen; heut spricht er so, morgen so, für denselben Begriff hat er übermorgen ein ganz anderes Wort als gestern, und aus einem dreisilbigen Worte vier Silben fortzulassen, ist ihm eine Kleinigkeit! Bei dem Harfenisten reimen sich unbedingt *alle* Wörter mit *allen* Wörtern; ich möchte nicht das Wort sein, was sich unterstünde, sich mit einem andern nicht reimen zu wollen. Er drehte ihm den Kopf um, risse ihm die Füße aus und steckte sie ihm in den Hals. So etwas passiert sehr oft, wenn die Wörter zur Schlachtbank der Volkspoesie geführt werden, und trotzen wollen. Der Harfenist reimt Stiefelputzer und König, Liebe und Heringssalat, Italiener und Waschfrau, Koch und Müller, Billard und hätte, Barett und setzen, das ist ihm alles leichtes Spiel! Er nimmt die Wörter in den Mund, verzieht ihn ein wenig, als ob er Essig oder Landwein getrunken hätte, und singt dann die Harmonie heraus. Aber merkwürdiger ist es noch, daß man ihn versteht! Die Wiener müssen in kurzer Zeit alle Sprachen lernen, denn sie verstehen alles: der Harfenist mag Sanskrit, hebräisch, griechisch, chaldäisch, fez- und marokkoisch, er mag eine Sprache sprechen; die noch gar nicht erfunden ist! Sein Landsmann versteht ihn, und ob ich ihn verstanden habe, ist ihm äußerst gleichgültig.

Strauss und Lanner.

Vieles ist schon über diese beiden Männer geschrieben worden, und ich darf sie trotzdem nicht übergeben. Bilder aus Wien, und in diesen nicht Strauß und Lanner – das hieße ihre Walzer und Galoppaden hören, ohne an den Tanz zu denken, ohne den Kopf nach ihren wollüstigen Melodien zu wiegen.

Ich will keine Floskeln machen, um ihre Kompositionen zu bezeichnen. Fast ganz Europa tanzt nach ihren Noten; sie sind die musikalischen Rothschildes. Sie erhalten viele Staaten im Schwindel, und ehe diese Schwindeleien aufhören, werden Jahre vergehen.

Ich leugne nicht, daß sie die größten Komponisten für Tanzmusik sind; ich leugne nicht, daß ihre hüpfenden Noten alle Sinne aufregen, daß sie bald keck und lustig das Ohr kitzeln, bald elegisch an das Herz schlagen, aber jeder Ton in der Musik ist Dur und Moll zugleich, und jedes Ding in dieser Welt hat seine heitere und seine ernste Seite.

Nach welcher Reunion man in Wien geht, in welchem öffentlichen Garten man sich niedersetzt, Strauß und Lanner sind immer da! Führen sie nicht selbst das Zepter, so spielen wenigstens andere Musikanten ihre Walzer und Galoppaden.

Lebhafte Gespräche stärken das Herz und bilden den Geist, aber zu einem solchen bringt man es selten in Wien; eben wenn die Meinungen sich kreuzen wollen, klopft Meister Strauß mit dem Bogen auf und gebietet Ruhe. Nun geht das Geklingel und Gezappel los! Die Wienerin dreht sich unruhig auf dem Stuhle herum, der Wiener wiegt den Kopf, die Füße arbeiten unter dem Tische und die Gedanken über dem Tische gehen schlafen. Gute Nacht, Gespräch! La, la, la, la, la, la! Ladi dumm, dumm, dumm, dumm da! das ist der ganze Geist, der sich über die Gesellschaft verbreitet, die wichtigsten Dinge bleiben mitten in der Unterhaltung liegen; jetzt muß man sich drehen, wiegen, jetzt muß man Takt treten und vor Wonne zerschmelzen! Ob nach dem Tode noch ein Leben zu erwarten? das ist sehr gleichgültig, denn wir haben ja la, la, la, la! Ob Österreich so glücklich bleiben, oder später eine repräsentative Verfassung bekommen wird; was geht das uns an? Haben wir doch dumm,

dumm, dumm, dumm! Ob Eisenbahnen und Dampfwagen die Völker inniger vereinen werden? Was kümmert das einen Fuß, in welchem lustige Noten kribbeln und krabbeln! Ob zehn Minuten von der Stunde ungenutzt vorüberfliehen, in welcher ich meine Geliebte alle Monate sprechen kann? Das ist gleichgültig, ungeheuer gleichgültig! Meine Geliebte hört jetzt nach dem Ladi dumm, dumm, dumm, dumm da! und frägt den Teufel nach dem Sir klug, klug, klug, klug, hier!

O wäre ich ein Despot! Tonnen Goldes spendete ich den Straußen und Lannern, daß sie mir die Köpfe meiner Untertanen wiegten, und alle öffentlichen Gespräche stocken machten!

Und wie viele Schwindsuchten bringen diese General-Feldmarschälle der Terpsichore zustande, wie viele Prozente mögen ihnen die Doktoren und Totengräber Wiens jährlich geben müssen? Jünglinge und Jungfrauen, Weiber und Männer straußen und lannern Winter und Sommer, das heißt: sie drehen sich wie ein Kreisel, reißen sich herum und keuchen sich die Brust hohl und schnappen nach Luft, wie ein Fisch auf dem Lande!

»Wieviel bekommen die Leute dafür?« fragte jener Wilde, den man sehen ließ, wie zivilisierte Menschen tanzen, und ich möchte ebenso fragen.

Ich lasse mir die Tänze gefallen, wo es auf Grazie ankommt: diese zarte, harmonische Ecossaise, dieser liebliche, kokettierende Kontretanz usw., aber immer ist es mir unerklärlich gewesen, wie so viele kluge Leute an diesem wilden, wahnsinnigen Herumschleifen, an diesem galoppierenden Totentanz Geschmack finden konnten, wo der herabtröpfelnde Schweiß jede Poesie vernichtet.

Wie bejammernswert ist ein deutscher Liebhaber, der wenig oder gar nicht tanzt! Er möchte gern seiner Geliebten in die Augen sehen und sie mit den seinigen küssen, – da kommt das Schicksal, roh und kalt faßt es des Mädchens zärtliche Gestalt und wirft sie unter den Hufschlag wilder Pferde! Seine Geliebte wird bald von diesem, bald von jenem Manne bei dem Arme gepackt, wütend herumgerissen, und erst dann, wenn sie kaum mehr Atem holen kann, folglich sich im kranken Zustande befindet, darf sich der Verlassene wieder nähern. Nun tritt er schüchtern heran, will sich wenigstens einen freundlichen Blick holen, vielleicht mit ihr sprechen. Törichter

Wunsch! Eitles Hoffen! Seine Angebetete liegt auf dem Stuhle und fächelt sich, glüht und schwitzt wie ein Braten am Spieße, und statt zu antworten, keucht und pustet sie wie ein Blasebalg!

In Wien aber ist diese Wut ausgeartet. Da sieht man wenig Tänzerinnen mehr, sondern lauter Bacchantinnen. Sie zucken schon fieberhaft, sobald der Arm des Mannes sie berührt, dann pressen sie ihre Brust dicht an die seinige, den Kopf an seine Schulter, und nun lassen sie sich herumschleifen, saugen in dieser wollüstigen Lage jede Bewegung des Mannes, jene lüsterne Musik ein; die Unschuld flieht erschreckt aus dem Saale, die Weiblichkeit zerrt sich flehend zu ihren Füßen, und der Tod steht in der Ecke und lacht sich ins Fäustchen.

Und Strauß, der kleine, gedrungene Mann mit keck blitzenden Augen, arbeitet fort und immer fort. Er streicht die Geige so gewaltig mit seinem Bogen, daß die Töne seufzen und zittern, als sollten sie noch ein Mal gestrichen werden. Kann er nicht mit dem Bogen dirigieren, so dirigiert er mit Kopf und Fuß; aus dem Takt kommt er niemals, niemals, und deshalb protegiert ihn der Fürst Metternich.

Und *Lanner* tanzt selbst während er zum Tanze aufspielt, und seine Töne zittern dir in das Herz hinein.

Und beide spielen bald con vivezza, bald con dulco, bald con gracia, bald con tenerezza. bald con fuoco. Aber! Aber!

Der Graben.

Von dem Stephansplatz hinunter,
Winden sich zu einem Kranz
Bunte Läden, bunt behangen
Von der Mode Wechselglanz.

Und wie dort die Mode wechselt,
Wechseln die Gestalten hier;
Bunte Leute ziehn vorüber,
In dem bunten Schaurevier.

Von den feingeputzten Herren
Lassen sich die schönen Frau'n,
Wie sie auch die Blicke werfen,
Doch am liebsten selbst beschau'n.

Und es geizen diese Herren,
Wandelnd hin und her, zurück,
Wie sie auch die Zeit verschwenden,
Doch um einen Augen-Blick!

2.

Hier stolziert ein großer Mime,
Neben ihm des Hofes Rat;
Spielt auch jener herrlich, dieser
Übertrifft ihn in der Tat!

Jener täuschet, deklamierend,
Nur ein kleines Publikum;
Dieser täuschet viel Millionen
Menschenseelen, und bleibt stumm!

3.

Diese Majestät des Wuchses!
Diese Kleider reich und fein!
Diese kostbaren Brillanten!
Das muß eine Fürstin sein!

Fehlgeschossen! Jenem reichen
Kaufmann mit dem dicken Bauch,
Dem gewährt sie Unterhaltung,
Und er unterhält sie auch.

4.

Wie sie flüstern, mit den Augen kosen!
Das verliebte Liebespaar!
Zärtlich sind sie noch und kennen sich nun
Schon ein ganzes Vierteljahr!

Flüstre nur und kose mit den Augen,
Du verliebtes Liebespaar!
Weiß ich doch, das Mädchen fehlt hier sicher
Schon nach einem Vierteljahr!

5.

Dieser Mann mit ernster Miene,
Einen Orden auf der Brust,
Trägt die Nase hoch, und rümpft sie
Über die gemeine Lust.

Wie sie plaudern auch und lachen,
Er bleibt immer ernst und stumm;
Er hat zweiundfünfzig Ahnen,
Und ist ungeheuer dumm.

Weiter ist er nichts gewesen;
Doch ist sein Verdienst nicht klein:
Wenn er selig einst verstorben,
Wird er auch ein Ahne sein.

6.

Lorgnettierend, kokettierend,
Heiter, zierlich, elegant,
Hüpft der Kleine durch die Reihen
Und ist überall bekannt;

Spricht mit diesem, spricht mit jenem,
So vertraulich und so frei;
Der gehört, ich möchte wetten,
Zur geheimen Polizei.

7.

Diese Herrn hier sind Beamten.
Haben sie denn nichts zu tun?
Von den gestrigen Strapazen
Müssen sie sich heute ruh'n.

Gestern waren sie in Baden,
Haben sehr sich divertiert;
Morgen seh'n sie nach ob etwas
In Geschäften arriviert.

Übermorgen kommen beide
Um sechs Wochen Urlaub ein,
Und dann werden d' Herrn Kollegen
Wohl a bissel b'schäftigt sein!

So geht das Beamtenwesen
Hier in Östreich seinen Gang;
Und was das für Stiefeln brauchet,
Dieses Wesen, na i dank.

8.

Diese grandiose Dame
Bringt ihr holdes Töchterpaar,

Schlägt vom Turm die zwölfte Stunde,
Allen Männeraugen dar.

Schön sind beide nicht zu nennen,
Doch, wenn sie so reich wie alt,
Zappelte wohl in dem Netze
Einer von den Herren bald.

Kommen's näher! hör' ich hinter
Mir den Vogelhändler schrei'n:
Wer se beide mit a Mal nimmt,
Kriegt die Alte obendrein!

Der Prater.

Wann die Bäume ihren Wintertraum aus den Zweigen geschüttelt haben, und die Erde ihr grünes, blumiges Kleid anzieht; wann die Nachtigall wieder singt und die Bäche wieder murmeln, die Rosen wieder blühen und die Schmetterlinge wieder flattern; dann schütteln auch die Wiener ihren Wintertraum aus den Gliedern, ziehen ihr grünes Kleid der Hoffnung, das blumige der Freude an, die Schmetterlinge unter ihnen flattern wieder um die Rosen herum und küssen ihren Blütenstaub, sie singen und lachen und jubeln und kosen, denn es ist wieder Frühling, der liebe Gott ist wieder da, unser Vater im Himmel und auf der Erde!

Kommt hinaus nach dem Prater! Ich will mitten unter euerm Jubel stehen und mich freuen, weil ich fröhliche Menschen, weil ich Menschen um mich habe! Nehmt eure Kinder mit, aber laßt die Tränen zu Hause! Wäre ich der Fürst Metternich, ich verbände euch mit allen Völkern der Erde, schenkte euch Freiheit des Gedankens, zeigte den bösen Pfaffen, wo der Zimmermann das Loch gelassen hat, und ließ neue Weisen predigen! Und wäre ich der liebe Gott, es sähe schon lange anders in eurem schönen Lande aus!

Kommt hinaus nach dem Prater! Es ist heute Sonntag; der Amboß schweigt und die Hämmer ruhen; das summende, schnurrende Rad der Industrie steht still; alles Treiben hört auf und das Leben beginnt. Der Schuster wirft die Stiefeln beiseite und macht sich auf die Strümpfe, seine Frau aber zieht den Kindern die bunten Kleider an, setzt die neue Haube mit den rosenroten Schleifen auf, und legt aus zärtlicher Fürsorge zwei Zwanzigkreuzerstücke in die leere Hauskasse, damit morgen der Mittagstisch nicht ungedeckt bleibe. Der Schneider steckt die Nadel in das Kissen, sich selbst in die enganschließenden Kleider, und hüpft wohlgemut zur harrenden Geliebten-, die Köchin und das Stubenmädel schnüren sich Taille; der Kavalier setzt sich auf das hohe Pferd; der Beamte spritzt die pedantische Feder aus und steigt in einen Fiaker; der Bäcker knetet nicht mehr den alten Teig; der Kaiser fährt soeben mit sechs Rappen zur Burg hinaus, der Minister hinter ihm her; der Zensor empfiehlt noch schnell ein Dutzend Bücher zum Verbot und holt dann seine Soutenierte ab; der Seiler dreht noch am letzten Stricke, während sein

Weib schon die reine Wäsche zurechtlegt; der Priester steht vom weichen Lager auf und sagt der niedlichen Wirtschafterin ein Adieu; der Graf hebt seine junge Gräfin in die glänzende Equipage, läßt die Bedienten in der goldenen Livrée hinten sitzen, und führt auf der Straße selbst den Zügel; alle, alle ziehen zu Wagen, zu Roß und zu Fuß durch die breite Jägerzeile nach dem Prater hinaus!

Wir treten zuerst in den Schau- und mischen uns später unter das lustige Volk im Wurstel-Prater. Rechts in der schattigen Allee galoppieren Hunderte von Reitern, kokettieren mit ihren wunderschönen Rossen und ihrer Meisterschaft, sie zu lenken; fliegen hin und her auf den wiehernden Pegasussen, und schreiben Liebeslieder in die feurigen Weiberaugen. Auch Amazonen siehst du unter den Reitern.

In der Mitte, zwischen den kräftigen Kastanien, die ihre Blätterkronen dicht aneinander schlingen, jagt Wagen an Wagen. Hinter der elegantesten Chaise ein luftiger Fiaker, hinter dem kaiserlichen Staatswagen eine leichte Berline, hinter der glänzenden Equipage des Fürsten eine plumpe Kutsche; hinter stolzen, lebenskräftigen Rossen zwei abgelebte Klepper.

Die Damen in den Wagen sind wie zum Balle geschmückt; Blumen und Federn wiegen sich auf ihren Köpfen; Brillanten funkeln an dem weißen Nacken, und um die losen, leichten Kleider schlingt sich ein kostbarer Schal. Sie haben alle fröhliche Gesichter. Ihre Wangen, welche die zahllosen Bälle des Winters gebleicht, blühen wieder auf in der würzigen, milden Frühlingsluft; und ihre Augen werfen das innere Feuer hin und her: rechts unter die kühnen Reiter, links in die rauschenden Fußgänger, nach dem blauen Himmel hinauf, und von Zeit zu Zeit auch gegenüber dem Gemahl zu. Sojagen sie sie bis zum Lusthäuschen, das weit hinten in einem muntern Wäldchen liegt, belebt von Hirschen und Rehen; kehren wieder um, fliegen zurück und fahren wieder langsam hinauf, denn die Zahl der Equipagen hat sich so vermehrt, daß eine doppelte Reihe geworden, und die übermütigen Rosse sich bäumen, als wollten sie über den vorderen Wagen hinüberspringen.

Aber werfe doch deine Augen endlich in die wirre, bunte Masse der Spaziergänger! Sind das nur Tausende, oder sind es Millionen, die hier wandeln, plaudern, sitzen, Kaffee trinken, rauchen, lachen, kokettieren! Sind heute noch in Wien Menschen, rufst du erstaunt aus, oder ist seine Bevölkerung hier im Prater? Das sind nicht viel, nicht sehr viel, das ist ein Meer von Menschen, ein wogendes brausendes Meer! O du Tröpfchen; Schaue hinüber nach dem Wurstelprater, höre seinen wilden Jubel, sein tolles Lärmen, sein Hurra und Holla, seine Trommeln und Trompeten! Und nun bedenke, daß heute Tausende der lebensfrohen Wiener in den Gebirgen umhersteigen, Tausende in den Kaffee- und Bethäusern sitzen, Tausende auf der Bastei und in den Glacis promenieren, Tausende in den Lustgärten der Vorstädte ihr Pfeifchen schmauchen und plaudern, und viele Tausende im Lerchenfelde jubilieren! Bedenke das alles und staune, du Tröpfchen in diesem wogenden Meere! Blicke hinüber, wie sie dort hineinströmen in den Cirque olympique der Madame de Bach, wie sich hier die Panoramen füllen, wieviel Müde sich auf den grünen Wiesen lagern, wie viele die Kunststücke des klugen Hundes, Mohr genannt, anschauen, und wie gefüllt diese Kaffeehäuser sind, deren Wände nur aus Fenstern bestehen, damit sich die Wiener und Wienerinnen nicht aus den Augen verlieren. »Zwei Melangen und zwei gestopfte Pfeifen!« Erfrischen wir uns ein wenig; setzen wir uns auf die beiden Stühle, welche soeben die bunten Türken verlassen; Mohammed, Christus oder Moses, das stört weder die Stühle, noch uns. Kokettiere du mit jener Brünette dort unter dem Baume, ich werde die Blondine hier gegenüber nehmen, die eben das Köpfchen nach uns umdreht.

»Werden Sie aber darauf eingehen?« fragst Du.

»Ha, ha, ha! Ich muß lachen!«

»Wird es den andern Leuten nicht auffallen!«

»Ich muß schon wieder lachen. O Norddeutscher, voll Genie und Berechnung! Wir amüsieren uns, die Mädchen auch, und die andern Leute amüsieren sich auf ihre eigene Hand, oder vielmehr mit ihren eigenen Augen.«

»Aber wenn es die Mutter bemerkt!«

»O Närrchen! Die kann es ja nicht bemerken; die kokettiert ja mit dem Herrn im blauen Fracke, der sich eben die Zigarre anzünden läßt!«

Und nun hinüber nach dem Wurstelprater; drüben hinüber, wo der Hanswurst sein Wesen treibt! Ich sehne mich nach einem Stückchen Narrheit, wie der Durstige nach frischem Wasser; ich will lachen über die unsinnigsten Späße, über die ungeheuersten Dummheiten; ich will ein Wiener sein, und schüttle mir den kritischen Norden aus den Gliedern.

Heisa! Heisa! Hopsassa!
Lustig hier und lustig da!

Komm, du dicker Faßbinder, du zierlicher Schneider, du handfester Schuster; komm, du dralle Köchin mit den verbrannten Wangen, und du aufgeputzte Putzmacherin mit den beränderten Augen; kommt alle und umarmt mich und jubelt mit mir, ich bin Euer Bruder und nicht um einen Kreuzer mehr wert als ihr! Wir fragen jetzt den Teufel nach Fürsten und Hofräten, nach Zepter und Kanzel, nach Kunst und Wissenschaft; wir werfen die geistigen Kleider ab, in denen der Fluch der Welt liegt und sind lauter nackte, fröhliche Menschen. Ziehen wir hier zuerst in dieses Karussell hinein. Uns rufen ja die lärmende Trommel und die schmetternde Trompete. Seht ihr, wie sie springen, diese hölzernen Pferde, und wie schnell die Philosophen darauf reiten! Sie haben alle ihre eigene Richtung; der eine will nach Amerika, der andere nach Afrika, der dritte nach Asien, der vierte nach Frankreich; alle ringen sie und stechen und spornen, und alle drehen sie sich in einem ewigen Kreise und kommen nicht von der Stelle. – Lachen wir sie noch einmal aus, diese gelehrten Narren, diese närrischen Gelehrten; diese Buchstabenmenschen, die unsere ganze Welt in die Tasche stecken, und dann in einem Chaos von Hypothesen vergebens nach Luft schnappen. Komm, du dralle Köchin mit den purpurnen Wangen, gib mir deinen Arm und folge mir in den tollen Spektakel. Hundert Wirtshäuser laden uns durch Musik und Schauspiel ein; hundert Ausstellungen strecken ihre Arme nach uns aus; hundert Späße hören wir in jedem Augenblicke, die uns hineinziehen sollen; alles kommt uns fröhlich und freudig entgegen, nur die Wahrheit flieht uns und verbirgt sich hinter jedem grünen Halme. Laß die dumme Wahrheit sitzen, liebe Köchin, und blicke nach dem Polichinell, der dort seine Witze macht. Die kleine Puppe hat einen großen Prügel in der Hand, und klopft damit eine Frau auf den Kopf, daß diese augenblicklich hinfällt und kein Zeichen des Lebens mehr von sich gibt. Der Polichinell horcht, ob sie atmet; er faßt sie beim Kopfe und bummst ihn noch einige Male auf die Erde. Aber die gute Frau will durchaus nicht wieder erwachen. Er taucht schnell unter und holt aus der Tiefe den Leichen-Commissarius herauf. Mich wundert, daß die Zensur dem belebenden Prinzipe im Kasten nicht vorschreibt, den Polichinell vor das Kriminalgericht zu bringen. Es wird ein Sarg gebracht; sie legen die Tote hinein, holen den Deckel und wollen den Sarg vernageln. Der Leichen-Commissarius, welcher wahrscheinlich nur mit Homöopathen umgegangen, ist aber selbst vernagelt und schiebt den Deckel hin und her, statt ihn zu befestigen. Da wird Herr von Polichinell wieder heftig. Er nimmt seinen großen Prügel und schlägt den vom Tode Lebenden dermaßen auf den Kopf, daß er taumelt wie ein Betrunkener.

Komm weiter, meine liebe Köchin. Drängen wir uns durch die fröhliche Menge; drängen wir uns durch das Juchhe und Heisa, durch Musik, Gesang und Tabaksqualm nach jener Tierbude. »Meine Herrschaften! Hier sind einhundertundsiebenunddreißig der verschiedensten Tiere zu sehen. Treten Sie gefälligst näher! Sechs Kreuzer die Person!«

Oder fürchtest du dich vor wilden Tieren? Gut, so besehen wir uns zahme Menschen; dort ist ein Wachsfigurenkabinett. Hier ist Geld. »I bitt', gehn's nur eini!«

»Hier, meine Herrschaften, sehen Sie Seine Majestät, den jetzigen König von Bayern, berühmt als Dichter, nebst Ihrer Majestät die Königin. Neben ihnen steht der kleine Prinz Otto, der jetzige König von Griechenland, wo früher so große Menschen geboren wurden.«

»Hier erblicken Sie, meine Herrschaften, Seine Majestät Nikolaus den Ersten, Beherrscher aller Russen! Gehen Sie nicht so nahe heran, wenn ich bitten darf; Sie können ihn so sehen.

Hier sehen Sie die Jungfrau von Orleans! Ihre zarten Glieder sind in Erz gehüllt, und sie trägt die Muttergottesfahne. Der Helm, den sie aufhat, ist derselbe, welchen sie in allen Schlachten aufgehabt hat.

Hier, meine Herrschaften, sehen Sie Seine hochselige Majestät den Kaiser Franz den Ersten von Österreich. Neben ihm sitzt Ihre

Majestät die Kaiserin, zweite Stiefmutter Seiner Majestät des jetzt regierenden Kaisers. Hier bemerken Sie Seine Durchlaucht den Fürsten von Metternich!«

»Dieser da?«

»Ja, der da!«

»Haben Sie nicht den Kaiser Joseph?«

»Nein! Hier sehen Sie Friedrich den Großen, wie er im Sarge zu Potsdam liegt. Und hier sehen Sie einen Christus am Kreuze, nach dem berühmten Gemälde von Raphael. Das vortrefflichste Stück in diesem Kabinette!

Hier erblicken Sie die Giftmischerin Gottfried, die so viele Menschen ums Leben gebracht. In ihr mußte eine Hyäne gesteckt haben, denn sie wußte keinen Grund!«

Nun kommen noch mehrere Könige, Pröbste, Kardinäle, ein aufgeschnittenes Kind und eine große Räuberszene. Gehen wir hinaus, liebe Köchin; mir wird unheimlich unter diesen vielen Majestäten und Heiligkeiten von Wachs. Menschen will ich sehen, nur immer Menschen! Da schlendert sogleich ein lustiger Geselle, der mir viel lieber ist, als alle Allerhöchsten und Höchsten, die nur durch ihre Kleider gestempelt sind. Er trägt den Rock über die linke Schulter und singt sich sein Liedchen; neben ihm geht die muntere Frau. Sie lassen sich gewiß durch die Späße der beiden Bajazzos in die Taschenspieler-Bude locken. Der eine Hanswurst springt auf Stelzen durch die gaffende Menge, und schimpft den andern; dieser mit hoher Zipfelmütze und geschminkter Fratze, sucht ihn zu fassen; er wirft aber geschwind die Stelzen bei Seite, klettert auf den nahen Baum, und schimpft von den Zweigen herab weiter. Mit einem Male schreit er auf, tut, als ob er das Gleichgewicht verliere, hält sich mit den Händen an einem Aste fest, und bammelt nun zwischen Himmel und Erde. Sein Kollege reißt ihn herunter; sie prügeln sich und rufen dabei: »Immer herein, meine Herrschaften! Den Augenblick geht's an!«

Vor jener Bude steht ein langer Kerl mit ausgestopftem Bauche und trommelt auf einer Kindertrommel; ein anderer reißt Witze, daß einem die Haare zu Berge stehen; ein Schwarm jubelnder Handwerker zieht vorüber; hinter ihm fünf bis sechs Freudenmäd-

chen; ein Italiener trägt seinen großen Korb und ruft: »Salami! Kas!«
dort lacht man soeben über den Polichinell; hier umrauschen uns
die wilden Musiken der Karussells, und dort kichert man über die
spaßigen Harfenisten.

Heisa! Heisa! Hopsasa!
Lustig hier und lustig da!

»Se, Herr von Korbmacher, haben's d'Güt, nehmen's mir das Ku-
chelmadel ab. Sie 's a saub'res Dirndel! Sie können diesen Abend
noch viel Spaß mit ihr haben, verstehen's?« Der gute Korbmacher
nimmt mir die Köchin ab, und ich gehe nun hinüber zu den Harfenisten, wo ich meinen Leser zu finden hoffe, den ich beim Kaffeehause drüben verlassen habe. Ein Autor sollte zwar nie seinen Leser
verlassen, aber der Wurstelprater macht eine Ausnahme; hier verläßt der Mann das Weib, das Weib den Mann, die Braut den Bräuti-
gam, der Freund den Freund; hier kommt der Menschenfreund mit
so vielen Frauenzimmern und Späßen in Berührung, daß er sich
selbst verliert. –

Vor jedem Bierhäuschen, die mit den Ausstellungen, Karussells,
Kunst- und Hanswurst-Buden bunt untereinander gemischt sind, ist
ein großer Platz mit Bäumen, Tischen und Bänken, belebt von
schlichten Bürgern und Bauern. Vater, Mutter und Kinder trinken
Bier, lassen sich dazu ein großes Stück Brot geben; kaufen vom her-
umziehenden Italiener Salamiwurst oder Käse, nehmen ihre Messer
heraus, lassen sich's gut schmecken und lachen über die unendli-
chen Dummheiten der mimischen Künstler, denen sie Beifall klat-
schen und einige Kreuzer Honorar spenden.

Der Harfenisten Bühne ist ebenso winzig, wie ihr Talent. Ein
Sandhaufen, ein Tisch und eine Bank sind ihr Podium, ihre Dekora-
tionen, ihr alles. Zuweilen haben sie ein paar bunte Kleider, durch
welche sie die Illusion erhöhen, zuweilen müssen ihre Alltagslap-
pen dieselben Dienste tun. Auf der einen Ecke der Bank sitzt ein
Weib und spielt begleitend die Harfe; die andern Künstler singen
und sprechen, zanken und prügeln sich.

Setzen wir uns, die Komödie beginnt.[1]

Ein häßliches Weib, *(liederlich angezogen, tritt zwischen Bank und Tisch).* Na, das is ja eine saubre Wirtschaft! Der Master schon wieder ausgangen! Und wahrscheinlich schon wieder ins Weinhäusel! Ei, da muß ja a gute Ehefrau alle Donnerwetter dreinschlagen lassen! Die meisten Stiefeln, die mein Mann macht, lauft er selbst z'Schanden, und wann i a Kuchen essen will, so is ka Geld da. Aber wart', du Lump, das soll anders werden; i will nicht mehr in der Kuchel stehen, und für dich Mehlspeise machen. Ich will die gnäd'ge Frau spielen!

(Die Harfenistin spielt; das Weib singt:)

I will fortan nicht in der Kuchel stehen,
I will alle Tage jetzt spazieren gehen,
I will mir einen großen Schal noch kaufen;
Un jeden Abend ins Theater laufen!
Und wann der Master will darüber brummen,
Macht ihn a Watschen schon verstummen!

Des Mittags werd' ich in dem Gasthof speisen,
Da können's dann z'Haus ins Tischtuch beißen;
I wer' mich schon bei Tafel amüsieren;
Mit diesem und mit jenem Herrn charmieren;
Und will der Master auch darüber brummen,
Macht ihn a Watschen bald verstummen!

Nach Tische fahr' ich in den schönen Prater,
Und Abends in das Lepoldstadt-Theater;
Spät hör' i noch den Strauß beim Sperl spielen,
Und werde mich des Nachts schon glücklich fühlen;
Und will der Master auch darüber brummen,
Macht ihn a Watschen schon verstummen!

---

[1] Ich habe absichtlich diese und die folgenden Scherze, damit sie außer Österreich verstanden werden, nicht im Wiener Jargon geschrieben, denselben aber soviel wie möglich durchschimmern lassen. Auch sind diese Scherze nicht Originale, sondern nur ähnlich und in ihrem Charakter gehalten. — D. V.

(Die Musik schweigt; ein dicker Kerl, den Schusterbuben darstellend, tritt auf).

Der Schusterbube. Na hören's Frau Mastern, das is a Schand! Den Master bringen's schon wieder mit a schönen Affen nach Haus. Na! das halt' i nit länger aus!

Die Meisterin. Was geht denn das Ihn an?

Der Schusterbube. Na freilich geht's mi an! I bin ja nit in d'Lehre zum Master g'kommen, um Wein trinken z'lernen! I lerne ja nix beim Master! Wenn i a paar Stiefeln mach', so geht der rechte links, und der linke rechts! *(sieht die Meisterin an).* Na, was hat denn aber de Frau Mastern für'n Hauben auf! *(er reißt ihr die Haube vom Kopf, und legt sie auf den Tisch).* Werfen's doch nit's Geld so zum Haus hinaus! Machen's doch lieber mal a Mehlspeis un a Braten; i hab' schon seit acht Tagen nichts als trocken Brot schlingen müssen!

Die Meisterin. I er Esel, hab' i –

Der Schusterbube *(hebt die rechte Hand auf).* Na, nenn' mich de Frau Mastern nich a Esel, oder –

Die Meisterin. Hab' ich ihm nit Geld g'geben, daß er sich soll z'essen kaufen?

Der Schusterbube. Na ja, das is schon richtig! Aber i hab's Geld mit d'Madels durchg'bracht!

Die Meisterin. Was? Er hat a schon Madels?

Der Schusterbube. Na, i glaub's! A paar saubere Madels hab' i! Se sein alle zehnmal saub'rer als de Frau Mastern!

Die Meisterin. *(will ihn schlagen; er wehrt sich; sie ringen, bis der Meister kommt.)*

Der Meister. *(betrunken; singt ein Liedchen, das die Harfenistin begleitet.)*

> Juchhe! das ist ein lustig Leben
> Auf dieser schönen Welt!
> Hinein schlürft man den Saft der Reben,

Und wirft hinaus das Geld!

Die Meisterin*und***der Schusterbube.**

Hinein schlürft er den Saft der Reben,
Und wirft hinaus das Geld!

Der Meister.

I mag nicht in de Werkstatt schwitzen,
Die Arbeit macht ka Freud'!
Da will i lieb'r im Wirtshaus sitzen,
Und trinken, ja das is g'scheidt!

Die Meisterin*und***der Schusterbube.**

Da will er lieb'r im Wirtshaus sitzen,
Und trinken, das nennt er g'scheit!

Die Meisterin*(zieht einen Strick hervor und haut ihn.)* Na wart' i wer'
dir's Trinken vertreiben!

Der Meister.*(schreit.)* Du, Bue, steh' mir bei! Halt de Frau Mastern
fest!

Die Meisterin*(hört auf mit Prügeln.)* Das heißt, wenn i will!

Der Schusterbube. Na, i küß' d'Hand! Das könnt' mir Spaß machen! *(er reißt dem Meister die Perücke vom Kopf.)* Se, Master, Se
ha'n de Perucken verloren!

Der Meister. I wer' ihm gleich a Watschen geben!

Der Schusterbube. Dann wer i ihm a a geben!

Der Meister*(nimmt den Strick und schlägt ihn.)* Was? Er nennt mich
Er?

Der Schusterbube*(nimmt dem Meister den Strick weg und schlägt
ihn.)* Was? Er nennt mich Er? Er räsoniert noch?

Der Meister. Was ist das? Das is doch a Bissel z'toll! Du prügelst
deinen Master?

Der Schusterbube. *(wirft den Strick fort.)* Nehmen's der Herr Master nit übel. I dacht', der Herr Master war ich, und Se wär'n der Bue!

Der Meister. Na, das Mal soll's ihm noch so hingehen! *(er dreht sich um.)* Frau Mastern, woll'n mer uns a vertragen? I geh' acht Tagen nit in's Weinhaus, und kauf dir a a neuen Schal!

Die Meisterin. *(freudig.)* A neuen Schal will er mir kaufen? Gut, so mag's drum sein!

Alle drei *(singen mit Begleitung der Harfe)*:

> Ja, wir wollen uns vertragen,
> Denn der Zank taugt doch nit viel;
> Wenn der Mann die Frau tut schlagen,
> Hat d' Wirtschaft bald ihr Ziel;
> Und schlägt ja die Frau den Mann,
> Fangt d' Wirtschaft gar nit an!
> Und schlägt ja usw.

> Trinkt der Master alle Tage,
> Legt der Bu' die Händ in'n Schoß,
> Dann hat die Frau Meist'rin Plage,
> Und so geht's Spektakel los!
> Prügel gibt es dann statt Speis',
> Denn das Geld fehlt, is ka Fleiß!
> Prügel gibt es usw.

> *(zum Publikum).*

> Darum seind wir hier bei Ihnen
> Fleißig alle Tag' auf s Neu;
> Ihren Beifall zu verdienen,
> Sind wir einig alle Drei.
> Schenken Sie uns ihre Huld,
> Fügen wir uns in Geduld!

Nach diesem Schauspiele geht nun ein junges Mädchen durch die Reihen der Zuschauer und sammelt auf einem Teller große und kleine Kreuzerstücke. Diese zahlen gern eine Kleinigkeit, denn sie haben unendlich viel gelacht und sich gegenseitig auf die Schönheiten des Schauspiels aufmerksam gemacht. Das Mädchen bringt das Gesammelte dem alten Weibe. Diese zählt es vor den Augen der Zuschauer und wirft es dann in die Generalkasse der mimischen Künstler. Die mimischen Künstler ziehen inzwischen ihren besten Rock an, setzen sich hier oder dort hin, plaudern mit ihren Bekannten, trinken Bier und sind durchaus von keinem der Zuschauer bemitleidet. Sobald eine neue Vorstellung begonnen, und ihr Stichwort nicht fern, treten sie in eine Stube des Bierhauses, ziehen sich schnell das bunte Kleid an, oder setzen sich die Perücke auf, und treten, sich durch die Zuschauer Platz machend, wieder auf die Bühne hinauf.

Steh auf, lieber Leser, und folge mir nach dem andern Bierhäuschen, neben der großen Bude, in welcher unten und oben ein Karussell ist. Wirf schnell einen Blick hinein, wie toll es hier zugeht. Wie die Handwerker und Soldaten mit den Mädchen charmieren; keiner geniert sich vor dem andern, jeder geht soweit er kommt, und er kommt sehr weit, davon kannst du dich überzeugen, wenn du näher trittst. Trete aber nicht näher; die wilde Musik rauscht uns zu stark in die Ohren; wir wollen lieber vor dem Bierhause das hübsche Mädchen agieren sehen, das soeben die Bühne besteigt. Sie hat ein kurzes weißes Kleid an, mit roten Bändern besetzt, und hält in der rechten Hand ein Papier, von dem sie den Text zu ihrem Liede entnimmt. Ein junger Mensch sitzt neben ihr, und streut höchst naive Bemerkungen hinein, die das Publikum, das männliche wie das weibliche, mit Enthusiasmus aufnimmt. Ich weiß dir nicht recht die Tendenz des Liedes zu erklären, und teile dir daher die ganze Szene mit.

Das Mädchen.*(singt mit freundlicher Miene:)*

> I habe a Ampel, die is gar schön,
> Die haben schon viele Herren beseh'n;
> Die Ampel, mit der verdien' i viel Geld,
> Ma Ampel das is mir das Liebst' auf der Welt.

Der Kollege. 1 glaub's! I möcht' a so a Ampel haben!

Das Mädchen. *(lacht.)* Du wirst aber in dan ganzen Leben ka bekommen! *(singt weiter:)*

> Wenn i hab' ma Ampel in Feuer gebracht,
> So haben d' Herrn sich gefreut und gelacht,
> Se hab'n a gemeint: wenn se lange nur hält!

Der Kollege. Ja, da bin i selbst bange!

Das Mädchen. *(singt.)*

> Ma Ampel das is mir das Lieb'st auf der Welt!

> Die Herren die loben, daß's Ampel so klein,
> I putz' sie all' Morgen so nett und so rein,
> Damit se a immer von Neuem gefällt;
> Ma Ampel das is mir das Liebst' auf der Welt!

Nun geht dasselbe Mädchen mit dem Teller herum, und bittet um
eine kleine Gabe. Dieser oder jener Herr gibt ihr einen halben
Zwanziger, kneift ihr die Wangen und fragt sie, ob er nicht einmal
ihre Ampel sehen könne. Sie lächelt. »Wo wohnst du mein Kind!«
fragt der Herr weiter. Auf der Landstraße, antwortet die niedliche
Kleine, bezeichnet Haus und Nummer und geht dann mit gleichgül-
tiger, lächelnder Miene weiter sammeln, als ob durchaus nichts
vorgefallen wäre, dessen sie sich zu schämen hätte.

»Salami! Kas!«

Dort singen ein paar schlanke Kerle und ein unzartes Mädchen,
als Italiener gekleidet; ihr Lied endigt mit dem Verse: »Hoch lebe
Kaiser Ferdinand!« Der eine schwenkt den Hut, der andere den
Bierkrug, ein dritter stößt in die Trompete; das Mädchen aber dreht
sich auf dem einen Fuße herum und wiederholt dreimal das »Hoch
lebe Kaiser Ferdinand!«

»Den Augenblick gehts an!«

Lassen wir uns nicht durch diesen Hanswurst in seine Bude locken. Sie machen dort Geistererscheinen. Setzen wir uns lieber hier nieder und hören noch einer dritten Szene der Harfenisten zu, aber auch den naiven Bemerkungen unserer Nachbarn. Soeben tritt ein Künstler in den Tempel Thaliens. »Wir werden sogleich die Ehre haben aufzuführen: der Pantoffelmann, oder der Krug geht so lange zu Wasser bis er bricht!«

Eine Frau.*(zu ihrem Manne.)* Hörst? da wirst sehen, wie a Mann sein muß.

Die Tochter. Mutter? Is der Vater a a Pantoffelmann?

Der Mann. Na, ich glaub's!

Ein bejahrter Mann im Schlafrocke, eine Perücke auf dem Kopfe und eine brennende Pfeife im Munde, drängt sich durch die Zuschauer, setzt sich oben auf die Bank und beginnt das Schauspiel:

»Hier will ich meine Morgenpfeife rauchen. Wann meine Frau Gemahlin sich aus dem Bette erhebt, so ist das Vergnügen zu Ende. Viertausend Gulden habe ich jährlich zu verzehren, und doch ka fröhliche Stund'. O ich war ein ungeheurer Esel, daß ich g'heiratet hab'!«

Ein Bauer*(zu seiner Frau.)* I a!

Der Mime. Früher ging ich auf die Jagd, jetzt muß ich mich wie ein Wild herumjagen lassen; früher hatte ich in jeder Straße eine Geliebte, jetzt muß ich die Courmacher meiner Gemahlin sättigen; früher war ich mein eigener Herr, jetzt bin i aller Leute Knecht. Ach, da kommt Nazel!

(Ein feister Kerl, im blauen Überrock mit rotem Kragen, tritt auf.)

Der Bediente. Na, sein's schon wieder hier im Putzzimmer und dampfen der gnädigen Frau die seidenen Gardinen schwarz? Wollen's gleich d' Pfeifen aus Ihrem Maul nehmen!

Der Herr. Aber, Nazel, sei doch g'scheit!

Der Bediente. Nennen's mi nit immer Nazel! I hab's Ihnen schon oft g'sagt: i heiß Ignaz!

Der Herr. Aber, Ignaz, sei doch g'scheit. Ich bin ja der Herr und du bist der Diener.

Der Bediente. Was? Se sein der Herr? I küß d' Hand! Da möcht' i a mal a B'dienten sehen, wann Se a Herr sein.

Das Publikum.*(lacht aus vollem Halse.)*

Na warten's, i wer's mal der gnädigen Frau sagen, daß Se Herr im Haus sein wollen, die wird's Ihnen zeigen! Se Herr im Haus? Plauschen's nit so! I hab's besser als Se. Wenn i will, so werf' i Ihnen zur Tür' naus!

Mehrere Kinder haben sich an die Bühne gedrängt, der Bediente fällt plötzlich aus der Rolle, schiebt die Kinder mit einem: »Na gehts hier weg!« beiseite und bittet gleichzeitig um Ruhe, denn der Lärm unter den Zuschauern und Vorübergehenden war so groß, daß man kein Wort verstehen konnte.

»Salami! Kas!«

Der Bediente. Da kommt eben die gnäd'ge Frau, nu sehen's Ihnen vor!

(Eine Frau von angenehmen Äußern, reinlich gekleidet, einen weißen Hut auf dem Kopfe, drängt sich nach der Bühne und spricht.)

Was ist das? Herr Gemahl, Sie rauchen hier und sind noch im Schlafrocke? Den Augenblick stellen Sie die Pfeife fort und kleiden sich an. Ist das a Wirtschaft!

Der Herr.*(stellt die Pfeife fort und will gehen.)*

Die Frau. Halt! Sie haben mir heute noch nicht die Hand geküßt. Tun Sie Ihre Schuldigkeit.

Der Herr.*(küßt ihre Hand.)* I küß' die Hand *(Er schleicht langsam ab, das Publikum begleitet ihn mit Lachen.)*

Die Frau.*(ruft.)* Ignaz!

Der Bediente.*(war inzwischen heruntergestiegen, und trinkt eben Bier.)* I komm' sogleich!

Die Frau. Na, wird's bald? Hat Er meine Befehle vollzogen? Ist Er zum jungen Grafen von Reitzenberg gegangen und zum Baron von Seegebach? Werden sie heute abend zum Spiel kommen?

Der Bediente. I hab's b'stellt. Se werden kommen!

Die Frau. Denke dir, welch ein Unglück ich gestern hatte! Ich habe fünfhundert Gulden Münz verspielt. Aber was mache ich mir aus diesem Verlust. Mein Gemahl ist sehr reich und nebenbei ein Narr. Der muß zahlen. Ignaz, nach Tische will ich ausfahren. Der Kutscher soll die eleganteste Equipage anspannen. Jetzt geh' ich auf die Promenade. *(ab.)*

Der Bediente. I küß' d' Hand, gnäd'ge Frau! *(dreht ihr eine Nase nach.)* Daas is a dummes Weib! Fünfhundert Gulden haben's verspielt? I glaub's, i hab' allein a funfzig Gulden in ma'n Beutel bekommen. Die Herren wischen der gnäd'gen Frau d' Augen aus, das is a Schand'! Aber – i verrat nix. I fahr' ganz gut dabei.

Der Herr.*(kommt in altfränkischen Kleidern.)* Ignaz, meine Frau ist ausgegangen. Sage dem Kutscher, daß er anspannen soll; ich will ausfahren.

Der Bediente. Was wollen's? Ausfahren wollen's? I glaub', Se sein nit recht g'scheit! Der Kutscher würde mich schön anfahren, wenn ich sagt Se wollten ausfahren. Wenn's nit d'gnäd'ge Frau b'fiehlt, geschieht's nit!

Der Herr.*(sehr traurig.)* Ignaz, Ignaz, was soll daraus werden? Mein ist das Vermögen und ich bin Sklave meines Weibes!

Der Bediente. Setzen's a mal Ihren Kopf af!

Der Herr. Ich habe heute ernstlich über mein Schicksal nachgedacht; so kann es nicht bleiben!

Der Bediente. S' wird schwerlich anders werden.

Der Herr. Es muß, es soll anders werden. Ich will Herr im Hause sein! *(mit grimmiger Gebärde)* Ich schlage alles kurz und klein, wenn man mir nicht gehorchen will. Ich jage die Liebhaber meiner Frau zum Teufel; ich jage sie selbst zum Teufel! Nimm deine Mütze ab, Kerl! du stehst vor deinem Herrn! Noch einmal unterstehst du dich, mir den Respekt zu verweigern, und du fliegst zum Hause hinaus! *(Er trocknet sich den Schweiß.)*

Der Bediente.*(nimmt die Mütze ab.)* Erlauben Sie mir, ist daas Ernst?

Der Herr.*(wütend; schlägt ihn.)* Fürchterlicher Ernst! Da kommt mein Weib. Du sollst sehen, daß ich Wort halte!

Ein Bauer.*(zu seiner Frau.)* Was meinst dazu?

Seine Frau. I glaub's nit, daß er's durchsetzt.

Der Herr. Wo kommen Sie her, Frau Gemahlin?

Die Frau.*(sieht ihn verwundert an.)* Was haben Sie darnach zu fragen?

Der Herr.*(wirft ihr den Hut vom Kopfe.)* Das werde ich Ihnen zeigen! Hut vom Kopfe! Sie werden in acht Tagen nicht ausgehen und keine Gesellschaft haben! Verstehen's?

Die Frau. Herr Gemahl, Sie wagen es.

Der Herr. Wer wagt hier? Ich habe zu befehlen, zu gebieten, ich bin Herr im Hause! Ihre Courmacher werfe ich noch heut' die Treppe hinunter, daß sie sich Arm und Bein brechen!

Der Bauer. Aha! Merkst?

Die Frau. Wie wird mir? Ach! Jesus Maria! *(Sie sinkt in die Arme des Bedienten.)*

Der Bediente. He, Herr Baron! De gnäd'ge Frau hat a Ohnmacht!

Der Herr.*(kalt.)* Mir sehr gleichgültig! Diese Ohnmachten kenne ich, das ist Verstellung!

Die Frau.*(springt auf.)* Nein, das ist keine Verstellung! Ich bin ohnmächtig; ich will ohnmächtig sein!

Der Herr. Gut, Sie sollen ohnmächtig sein; Sie sollen nicht die geringste Macht mehr haben.

Steh' auf, mein lieber Leser! Wir wollen den Schluß dieser Komödie nicht abwarten; wir wissen, daß der Pantoffelmann fortan das Regiment führt, und damit wollen wir uns begnügen. Die Sonne rötet bereits den westlichen Himmel, und scharenweise ziehen die lustigen Wiener heim; sie müssen noch heute im Bierhause trinken, im guten Hirten tanzen, im Sperl speisen, im Kaffeehause Billard spielen. Nur ein kleiner Teil dieser großen Masse zieht sich in die dunklen Gebüsche zurück und realisiert heut' erwachte Wünsche und Hoffnungen. Wenn die Blätter dieses Eichenwaldes sprechen könnten; was würden sie erzählen von zärtlicher Hingebung, von wilder Begierde, von süßem Schmerz und böser Lust; von Küssen, die geschlungen werden, von Gluten, die nach und nach ausglimmen?

Küßt und umschlingt euch, ihr zärtlichen Schäfer und Schäferinnen; die Welt muß bevölkert werden, sagt Shakespeare. Wir ziehen fröhlich mit dem fröhlichen Haufen nach der Stadt zurück. Das Karussell fährt zum letzten Male seine Reiter nach Amerika und Afrika, die Schaukeln und Wippen stehen still; die Kugeln in den Kegelbahnen rollen nicht mehr. Die Wachsfiguren gehen jetzt vielleicht in der finstern Bude umher und lieben und hassen sich; die wilden Tiere legen sich murrend nieder; der Hanswurst zieht seine bunte Jacke aus; der flinke Kellner wäscht die leeren Krüge, und die Besitzer von Rom und Petersburg, Berlin und Paris essen schon ihr Rostbratel. Der kluge Hund liegt auf der wollenen Decke; die Trompete schmettert nicht mehr, die Trommel wirbelt nicht mehr, das Juchhe und das Hurra verstummen; es wird stiller und immer stiller, der rauschende Tag neigt sich zur Ruhe, die Praterlust ist zu Ende.

Schlaft wohl ihr Schäfer und Schäferinnen!

Zweiter Traum.

Es war Nacht, finstere Nacht. Der Himmel hatte seine milden Augen zugedrückt und hing schweigend und schwermutsvoll wie ein Leichentuch über der Erde. Tränen fielen aus seinen Wolken herab und beweinten die unglücklichen Menschen. Die unglücklichen Menschen aber waren zur Ruhe gebracht; nur einige wenige lagen vor einem weiten Palaste auf den Knien, hoben ihre Hände empor und flehten.

»Mensch!« sprachen sie, »Mensch, den Gott so unendlich hoch gestellt hat, dem er Purpur, Thron und Zepter und Krone gegeben, sieh herab auf deine Brüder und habe Erbarmen!«

»Sie legen ihre treuen Herzen um das deine und bewachen dich; sie preisen dich in tausend Gesängen; sie bauen dir Tempel und Ehrenpforten; sie nehmen die grünen Zweige des Waldes und schmücken die Säulen deines Palastes; sie opfern ihr Hab' und Gut; sie opfern ihre Kinder, um deine Feinde zu vernichten!«

»Habe Erbarmen, Mensch, der du auf goldenem Throne sitzest, und das Zepter führst über Millionen deiner Brüder!«

»Habe Erbarmen, Mensch, und mache sie frei!«

»Wir, die wir in ihrem Namen flehen, sind ihre Dichter und Weisen. Löse unsere Ketten, auf daß wir das Wort Gottes predigen können in unsern grünen Gebirgen, auf daß wir unsere Gedanken nicht ferner verschließen müssen, sondern sie mitteilen dürfen zu Nutz und Frommen unserer Brüder!«

Und eine eherne Gestalt stand vor dem Bette des Fürsten, streckte segnend ihre Hand aus und sprach: »Schenke ihnen Freiheit, mein Sohn!«

Und die Dichter und Weisen flehten weiter: »Löse unsere Ketten, auf daß wir fortschreiten können mit dem Geiste der Welt!«

»Löse unsere Ketten, auf daß wir in unserm Schmerze nicht von andern Völkern verspottet werden! denn wir sind geistig stark wie sie, und Kunst und Wissenschaft wird deinen Thron mehr zieren, als unsere Tränen in Gold gefaßt!«

»Löse unsere Ketten, auf daß nicht ferner mißtrauen darf der Vater dem Sohne, der Sohn dem Vater, der Freund dem Freunde, der Bruder dem Bruder!«

Und die eherne Gestalt vor dem Bette des Fürsten streckte segnend ihre Hand aus und sprach: »Schenke ihnen Freiheit, mein lieber Sohn!«

Und die Dichter und Weisen flehten weiter: »Zerstöre jene dunkeln Höhlen, in denen die Heuchelei wohnt! Jage hinaus die Lehrer der Finsternis, und lasse den Namen unseres Gottes nicht mißbrauchen zu schnöden Zwecken!«

Und eben als die eherne Gestalt vor dem Bette des Fürsten segnend die Hand ausstreckte, rauschten tausend Ketten, und tausend wütende Stimmen riefen durch das Geräusch der Ketten: »Hinweg du neuerungssüchtiger Schwindler!«

Und aus dem ehernen Auge preßte sich eine Träne. – Die Gestalt aber stieg langsam die Stufen hinunter, streckte segnend die Hand aus und stellte sich auf das nahe Postament.

Und die Dichter und Weisen knieten rings um das Postament und priesen den Mann da oben, bis die glühende Sonne über die Gebirge kam, und die Lerchen jubelten, und die Blumen erwachten.

Speise und Trank.

»Der Fremde in Wien«, ein empfehlungswertes Auskunftsbuch, enthält über diese höchst wichtigen Gegenstände Nachstehendes:

»Die *Konsumtion* ist, wie leicht zu erachten, in Wien sehr groß. Ich will nur *einige* Artikel aus dem Jahre 1830, einem vorliegenden Nachweise zufolge, anführen.

Bier	385,848	Eimer.
Butter, Schmalz und Gänsefett	23,686	Zentner.
Eier	46,006,270	Stück.
Fische verschiedener Gattung	11,399	Zentner.
Fleisch und Würste ohne Unterschied	2,727	Zentner.
Federwild, Fasanen, Auer- u. Birkhahner	27,663	Stück.
Reb-, Hasel-, Schnee-, Rohrhühner, Wildgänse, Wildenten, Trappen u. Schnepfen	34,242	Stück.
Geflügel, zahme Hühner u. Tauben	1,087,188	Stück.
Milch	258,445	Eimer.
Obst, frisches und gedörrtes	179,315	Zentner.
Schlachtvieh, nämlich: Ochsen, Kühe und Kälber über ein Jahr	86,318	Stück.
Kälber unter ein Jahr	120,559	Stück.
Schweine, mittlere und große	81,196	Stück.
Lämmer und Spanferkel	70,374	Stück.
Wein und Weinmost	348,930	Eimer.«

! ! ! ! ! ! ! ! –

Der Chronik zufolge soll sich ein Wiener im Oktober des Jahres 1803 den Magen verdorben haben. Diese Angabe entbehrt aber durchaus aller Glaubwürdigkeit.

Die Fiaker.

Denke dir einen Menschen mit fröhlichem, gesunden Gesicht; äußerst schlicht angezogen, einen abgeschabten Filz auf dem Kopfe, sorglosen Herzens, voll Mutterwitz und eine Peitsche in der Hand – da hast du einen Wiener Fiaker.

Sorglos sind sie, denn sie bekümmern sich um alle Politik und alle Dummheiten der Welt nicht! Sie haben einen ziemlich eleganten Wagen, zwei willige Pferde und eine Peitsche; das ist hinreichend, um Mehlspeis und Braten zu essen, ein paar Seidel Bier oder Wein zu trinken! Und was will man mehr vom Leben, wenn man Fiaker ist?

Der Fiaker versteht die Kunst, auf einem zinnernen Teller umzulenken, und ist er nicht unverschämt und grob, so bekommt er keine Prügel von der Polizei. Er nennt nur diejenigen ungefiederten und mit Vernunft begabten Wesen: Menschen, die keine Fiaker sind, und daß ihn die Menschen grob behandeln, fühlt er nicht oder befremdet ihn nicht. Denn die Menschen sind halt grob! Man muß von den Hyänen nicht verlangen, daß sie einem aus der Hand fressen.

Der erste Mensch, dem man in Wien gut wird, ist ein Fiaker. »Fahr'n mer Euer Gnaden!« ruft er; und er weiß augenblicklich, daß du eine Aufenthaltskarte in der Tasche hast und fordert zweimal mehr von dir, als von einem Wiener Menschen. Sobald er aber merkt, daß du das elfte Gebot kennst, läßt er schnell herunter, hilft dir in den Wagen und fragt, wohin deine Gnaden befehlen.

Für wenige Zwanzigkreuzer-Stücke ist er nun auch ganz der Deine. Er holt dir Wein aus dem Gasthofe, packt ihn ein, stopft dir drei Mal die Pfeife, schlägt sechs Mal Feuer und raucht, sobald du ihm die Erlaubnis gegeben, auch sein Pfeifchen, während er über die grünen Felder galoppiert.

Wenn der Fremde nicht symbolisch auf den Kopf gefallen ist, und der Fiaker will ihn übersteuern, so antwortet jener nicht: »Ach, erlauben Sie, das ist wohl zuviel?« sondern: »Aber, Kerl, bist Du wahnsinnig? Von der Kärntner-Straße bis zur Jägerzeile willst Du drei Zwanziger? Drei Zehner, und willst Du dafür nicht fahren, so laß es bleiben! Verstehst?«

»Aber, Euer Gnaden, das Wetter! Geben Euer Gnaden zwei Zwanziger!«

Halt's Maul! Laß' mich in Ruhe! Und damit dreht man sich um.

Nun springt dir der Fiaker nach und bittet dich einzusteigen. Er hat gehört, daß du ein Mensch bist, mit dem sich umgehen läßt, der zu leben versteht. Im sausenden Galopp wirst du durch die Stadt, durch die engsten Gassen gefahren, und du schwebst anfänglich in ewiger Angst, daß der Wagen krachen und niederstürzen, daß drei oder vier Fußgänger unter die rasch rollenden Räder geraten möchten. Aber lege dich ruhig an die weichen Kissen und überlasse dich getrost dem halben Helios. Ehe er einen Menschen überfährt, jagt er durch dessen Beine hindurch, oder rädert ihm die Stiefeln schief, damit er künftig vorsichtiger sei.

Fast nie setzt ein Fiaker, selbst bei der gröbsten Behandlung, die Achtung aus den Augen, welche er einem *Menschen* schuldig zu sein glaubt. Ich hörte einmal des Nachts einen Streit, der mich anfangs amüsierte, zuletzt aber in Wut brachte. Ein Herr, um den sich die Welt in verschiedenen Kreisen drehte, hatte sich bis zum Stephansplatze fahren lassen, stieg hier aus und fragte, was er schuldig sei. Der Fiaker forderte vielleicht einen Zwanziger mehr als Recht war. »Du bist unverschämt!« rief der Herr und neigte seinen Kopf zur Brust, »Du bekommst die Hälfte, keinen Kreuzer mehr!«

»Das kann i nit, Euer Gnaden. Berechnen's den weiten Weg!«

»Du bist ein Esel!«

»I bin ka Esel, Euer Gnaden!«

Der Herr lächelte und fuhr fort: »Du bist ein Esel, sag' ich Dir! Was hast Du für eine Nummer? Ich werde Dich bei der Polizei belangen.«

»Das können's tun, gnädiger Herr; i kann nit anders!«

»Ist das *Dein* Wagen, Du Lump? Bist Du Knecht oder Herr!«

»I bin der Herr; i bin a Bürger. I bitt', treiben's nit länger Ihren Spaß mit mir!«

»Was bist Du?« rief der vornehme Lump, taumelte ein wenig und lachte hell auf. »Ein Bürger bist Du? Ha, ha, ha! Ein Hundsfott bist Du! Du willst mich betrügen!«

»Euer Gnaden, i bin ka Hundsfott; i will ka'n Menschen b'trügen! So müssen's nit sprechen!«

»Halt's Maul, Du Schuft, verantworte Dich nicht!«

So ging das Gespräch fort, und währte bereits über zehn Minuten. Der Herr trieb seinen gemeinen Scherz immer weiter, schimpfte, fluchte und marterte den armen Fiaker bis aufs Blut. Ich verlor die Objektivität. Meine Hände hatten sich zu Fäusten geballt; ich konnte länger meine Wut nicht bezähmen. Dazu kam noch, daß mir immer bei solchen kleinen Begebenheiten viel größere einfallen; ich faßte also den Vornehmen beim Kragen, schüttelte ihn ein wenig und bedeutete ihn mit keinen schmeichelhaften Worten, daß *er* nun bezahlen möge, sonst würde ich ihn mit gewissen Liebkosungen bezahlen, die man in der Kunstsprache Maulschellen nenne.

Diese kühne Wendung verfehlte ihre Wirkung; der Halbtrunkene wollte gegen mich Krieg führen. Ich aber wußte es geschickt zu machen, daß er sich niedersetzte; ließ ihm dasjenige zukommen, was ich versprochen hatte, bezahlte den Fiaker und empfahl mich.

Ein anderes Mal hörte ich, wie ein Fashionable einen Fiaker zu sich heranrief und ihn fragte, ob er Zeit zum Fahren habe. »Ja, Euer Gnaden!« antwortete dieser. »So suche Dir jemand, der fahren will!« sagte der Fashionable und ging lachend weiter.

»Daas hätt mir a Narr a sagen können!« schrie ihm der Fiaker nach; seine Kollegen lachten und somit war's gut. In einer andern Stadt hätte der modische Jüngling sehr viel Prügel genossen, und die Fiaker wären gewiß viel schlagender als sein Witz gewesen; in Wien aber sind die dienenden Menschen sanftmütig und ertragen alles mit himmlischer Geduld. Sie wissen auch, wie wenig Rechte sie haben.

Und darum solltet ihr wahrlich etwas freundlicher gegen eure dienenden Mitmenschen sein, ihr sonst so guten und lieben Wiener. Laßt Witz und Grobheit gegen *andere* aus, und verfolgt sie mit denselben solange, bis sie einsehen, daß sie keinen Pfifferling mehr Wert haben, als wir. Aber stumpft nicht das Ehrgefühl derjenigen

Menschen ab, bei denen sich Gott rechtfertigen muß, ist er wirklich der gerechte Gott, den wir glauben.

»Fahr'n mer, Euer Gnaden?«

Ja, mein lieber Bruder Fiaker, mein fideles Kerlchen mit dem Gesicht wie lachendes Morgenrot. Fahr'n mer zusammen nach Nußdorf oder nach Meidling, oder wohin du willst, und essen mer und trinken mer zusammen. Ich bezahle heute alles; ich habe ebenso viel an dir verdient, daß mer beide recht vergnügt sein können, so vergnügt, wie dein Kaiser und dein Metternich im Leben nicht sind! Fahr'n mer!

Kaffee- und Bierhäuser.

Auf die Frage Wo? steht in Wien das Kaffeehaus. Wo spreche ich dich? – Im Kaffeehause! – Wo werden wir heut nach Tische sein? – Im Kaffeehause! – Wo hole ich Sie mit dem Fiaker ab? – Im Kaffeehause! – Weiß der Wiener nichts Besseres, sei es Morgen, Mittag, Abend oder Nacht, so trinkt er Kaffee; hat er eine Gardinenpredigt anhören müssen, so trinkt er Kaffee; plagen ihn die Gläubiger, und weht ihn endlich die Langeweile mit ihrem giftigen Odem an, so geht er schnell ins Kaffeehaus, läßt sich ein Glas »Melange« geben, stopft sich sein Meerschaumpfeifchen, plaudert oder liest Journale, spielt Whist oder Billard, Tarock, Piquet, Preference, Schach oder Domino, und die Langeweile mag überall ihre Opfer finden, in Palästen und Hütten, in Theatern und Kirchen, in den Pariser Salons wie in der Berliner ästhetischen Tees: durch die Glastüren eines Wiener Kaffeehauses dringt sie nie!

Jeder Stand hat sein Kaffeehaus; nur die ungeheure Zahl der Nichtstuer bringt eine Melange im kaffeehäuslichen Publikum zu Wege. Nicht der Aristokratismus, nicht der Kastengeist sondert die Wiener hier, sondern die Annehmlichkeit Bekannte, Freunde oder Geistesverwandte zu finden. Du kannst zehn Mal vergebens nach der Wohnung eines Wieners gehen, mit dem du Notwendiges zu sprechen, kennst du aber sein Kaffeehaus, so triffst du ihn sicher.

In jenem findest du Kaufleute, hier Beamte, dort Schriftsteller und Schauspieler, hier Handwerker, dort deutsche Juden und hier griechische und türkische, die aus ihren ultralangen, buntbewickelten, silberverzierten Pfeifen dampfen und Geschäfte untereinander machen. Auch die niedrigsten Klassen des Volkes haben ihre Kaffeehäuser, und in allen wird gespielt, geplaudert, geschmaucht und die Langeweile auf jede Weise ferngehalten.

Der Kaffee ist seit dem Jahre 1683, nach der zweiten Türkenbelagerung, das Lieblingsgetränk der Wiener geworden, und noch zu jeder Stunde des Tages schlürfen sie ihn mit einer Wollust hinunter, als seien sie eben von dem glücklichen Feldzuge gegen die bunten Barbaren heimgekehrt. Der Kipfel, ein wohlschmeckendes Gebäck, wie ein türkischer Säbel geformt, erhöht noch die Illusion, und den Wiener kann die kleinste Illusion glücklich machen. Das wissen die

Machthaber und machen ihn ungeheuer glücklich; sie wälzen ihn aus einem Genuß in den andern, bis ihm in einem leichten Rausche der Himmel voll Geigen hängt. Aber auf dem Lande und in den kleinen Provinzialstädten sieht es oft nicht so heiter aus, da hängt der Himmel nicht voll Geigen, sondern voll Flöten ohne Löcher.

Die Geschichte Wiens erzählt, daß ein Spion, namens Kollschützky, ein Pole von Geburt, wegen seiner Verdienste um die Kaiserstadt das erste Kaffeehaus in derselben erhalten habe. Und es läßt sich nicht leugnen, daß man noch heuer zuweilen an die Geschichte erinnert wird und gewisse Leute bemerkt, die zwar keine Polen sind, auch nicht Kollschützky heißen, aber dennoch Ähnlichkeit mit demselben haben.

Die Kaffeehäuser sind alle zu ebener Erde, reinlich, elegant, komfortabel, mit blitzenden Geschirren und flinker Bedienung. Auf einer Tribüne in der Ecke des größten Saales sitzt eine niedliche Clio und schreibt mit bleiernem Griffel die Geschichte der Tage, d. h. sie kontrolliert die Marqueure.

Schon früh morgens beginnt das Leben in ihnen und vor ihnen auf der Straße. Die meisten Junggesellen und Hagestolze stärken sich hier, bevor sie an ihre Geschäfte oder zu andern Vergnügungen gehen, durch den Trank der Levante. Sie fordern sich eine Pfeife, in welche der Marqueur einen neuen Federkiel steckt, rufen »Feuer!« und nehmen die Allgemeine zur Hand, um zu wissen, was in der Menschen Länder vorgeht. Nachdem dies geschehen, blicken sie auf, rufen diesem oder jenem Freunde ein »Grüß' di Gott! Servus!« zu, tauschen ihre kritischen Meinungen über die gestrigen Vorstellungen der verschiedenen Bühnen, erzählen sich Stadtneuigkeiten und neue Witze, *verabreden sich wegen des Nachmittags*, und sehen endlich nach der Uhr, ob noch Zeit sei, drei Partien Billard zu spielen.

»Vierzehn Buben! Vierzehn Könige!«

Wo kamen diese Worte her, die jenen Mann mit der Brille erbeben machen? Aus dem Nebenzimmer. Hier spielen schon zwei Leute Piquet und machen dabei eine so wichtige Miene, als förderten sie das Wohl des Staates, wenn sie einen Sechziger oder einen Neunziger zustande bringen. An ihrer Seite liegen schwarze Täfelchen, auf welchen sie mit weißer gespitzter Kreide den Gewinn notieren. Alles ist so bequem wie möglich eingerichtet; auch der kleine Schwamm zum Löschen fehlt nicht. O Norddeutschland, wie weit bist du trotz deiner Gelehrsamkeit noch zurück! In deinen »Restaurationen« muß man auf den Tischen schreiben und mit den Fingern löschen!

»Feuer!« erschallt es aus jener Ecke; der Marqueur fliegt mit einem brennenden Fidibus herbei und zündet die neugestopfte Pfeife an. »A Packel Tabak!« tönt es von dort, und der Diener aller Herren schließt sein kleines Kabinett auf, und bringt das Begehrte mit schnellen Füßen. Dann dreht er sich um, hilft jenem Stutzer den Rock auszuziehen und hängt ihn auf. Das heißt: den Rock.

So, ohne besonders laut zu werden, vergehen die Stunden des Vormittags; wenn aber die niedliche Clio auf weißgedeckten Tischen Suppe, Gemüse, Mehlspeise und Braten gegessen, dann gewinnt das Kaffeehaus einen andern Charakter, es lärmt und tobt, wirrt und summt, wird lebendig wie ein Ameisenhaufen.

Schauen wir zuerst den Billardspielern zu, und treten dann von Tisch zu Tisch.

Zwei Herren, die mit ihren feinen, schneeigen Hemden kokettieren, spielen die Kegelpartie. Es handelt sich hier um den Sturz des Königs und seiner Umgebungen. Der eine Herr hat schon zehn Mal über sein heutiges Pech geschimpft, legt bei jedem glücklichen Stoße seines Gegners das Gesicht in Falten, läuft mindestens zwei Mal um das ganze Billard, bevor das Spielen an ihm ist, stößt schnell zu, ohne zu visieren, und verläßt kein Auge von der grünen Flur. Der andere hingegen ist viel vorsichtiger, viel bedächtiger. Ohne sich durch die üble Laune und Unruhe des Mitspielers im geringsten inkommodieren zu lassen, kreidet er zuvörderst die Spitze des Queues, bis kein Pünktchen des Leders hervorschimmert; dann wirft er einen ungemein ruhigen Blick über das Schlachtfeld, fragt den Marqueur, wie die Partie steht, bückt sich dann ein wenig, legt das Queue auf den Bock seiner Hand, und ist nun bis zum Visieren gelangt. Nun visiert er. Der Gegner trippelt schon lange bei dem Balle umher, auf welchen jener künftig seine ruhige Wut loslassen wird; er kratzt sich in den Haaren, und wartet und wartet, bis sich endlich drüben eine Bewegung ereignet, und die Bälle zusammenschlagen. »Aah!« ruft er dann und sein Gesicht wird glühend rot,

»das ist ungeheuer! Nein, das ist merkwürdig! Solch eine Sau!« –
»Ja«, antwortet der andere drüben, »das war eine Sau!«

In Norddeutschland ist man, bis auf die Studenten, anderer Meinung. Man hält dort diejenigen Bälle, welche durch Zufall gehen, für *Füchse*. Ich habe lange darüber nachgedacht und viel gelesen, um zu erforschen, welche von beiden Meinungen die richtige sei, und ich muß mich, ohne meinem Vaterlande zu nahe treten zu wollen, für die südliche Meinung erklären. Denn Raffs Sau sagt in seiner Naturgeschichte mit schlichten Worten: ich lege mich zuweilen in ein Loch usw. Vom Fuchs ist dergleichen nicht bemerkt.

Die Sau gehört überdies zu jener Klasse von Tieren, deren Fleisch den Menschen als Nahrung dient, namentlich denjenigen Menschen, welche sich nicht zur mosaischen Religion bekennen, oder deren Gesetze nicht halten. Das Fleisch des Fuchses aber ist ungenießbar. Auch insofern muß man es gerecht nennen, daß die Österreicher die Sau dem Fuchse vorziehen, und lieber mit ihr einen glücklichen Zufall bezeichnen, als mit jenem.

Hier im zweiten Saale spielt man gleichfalls Billard, also gehen wir direkt nach dem dritten. Wir sind hier auf dem babylonischen Turme; die Sprachverwirrung ist ohnegleichen.

»Fünf und Sieben? Ich muß kaufen!«

»Deux honneurs und zwei Trick!«

»Gardez la reine!«

»Feuer!«

»Erlauben Sie, ich hatte den Skis!«

»Warum gab n's nit den Caval?«

»Melange und eine gestopfte Pfeife!«

»Ich hatte ja die Dame blank!«

»Wem gehört dieser Stich?«

»Ananas und Erdbeer!«

»Hier ist kein Schwamm, Marqueur!«

»Gewaschen! Sie bezahlen's Kartengeld!«

»Zahlen, Marqueur!«

»Präferanzel!«

»Schach dem Könige! Matt!«

»Noch a Glasel Wasser!«

»Ultimo!«

»Ha, ha, ha! Klein Schlemm!«

»I bin Domino; löschen's aus den Strich!«

»Jesus Maria Joseph! Se spielen Piquet? Aah, daas is z'toll! I hab' Ihne drei Mal Piquet zug'worfen! Ne, das ist z'toll! Die Stiche waren alle unser!«

»Aber, erlauben Sie mir! ich dachte, Sie hätten kein Coeur mehr, weil Sie vorher die Dame fortwerfen?«

»Na richtig! Darum mußten's eben Coeur spielen! Wann die Feind' d'Buben und d'Zehne g'habt hätten, hätten's lange g'spielt!«

»Carl, beruhige dich! Du präliminirst!«

»Zahlen, Marqueur!«

Die Glocke schlägt sechs; es wird nach und nach stiller. Die meisten Kaffehausgäste ziehen ihre Röcke wieder an, zahlen das Verzehrte, reichen sich die Hände und gehen in die Theater; ein großer Teil in die Bierhäuser, nur wenige bleiben sitzen und spielen sich satt. Wir gehören zum großen Teil und gehen mitsammen ins Bierhaus.

Die Bier- und Gasthäuser sind durch grüne Tannenreiser bezeichnet, weniger elegant eingerichtet und äußerlich meist so unscheinbar, daß sich ein preußischer Hofrat sicher *genieren* würde, sie zu besuchen. Wird er aber dennoch bewegt, in die Katakomben der Nüchternheit einzutreten, so fährt er erschrocken zurück, denn zunächst der Türe, sitzen in Hemdsärmeln und geflickten Röcken: Fiaker, Hausknechte, Trödler, Bauerweiber usw. »Hier!« ruft er unwillig und schlägt sich vor die Brust, daß der rote Adlerorden vierter Klasse wackelt, »hier unter diesem Gesindel soll ich mit meinem wohlerworbenen Titel und Orden verweilen? Solcher

Glanz in dieser niedern Hütte? Nein, beim Zeus und bei allen Verdiensten, die ich um den Staat habe, das kann ich nicht!«

»Aber, lieber Herr Hofrat, sein Sie doch gescheit! Glauben Euer Wohlgeboren denn, daß die Wiener Plebejer so roh und ungeschliffen sind als Ihre Berlinischen? Euer Wohlgeboren irren sich; der Schnaps hat ihre Seelen noch nicht vergiftet! – Sehen Sie nicht jene feingekleideten Damen dort in der andern Stube; hören Sie nicht ihr lautes Gelächter über die Scherze jener Herren, deren wir uns wahrlich nicht zu schämen brauchen? Sein Sie kein Hofrat, Herr Hofrat, und kommen Sie!«

Noch ist der Besitzer des roten Adler-Ordens vierter Klasse unschlüssig; da naht ein flinker Kellner, verbeugt sich artig und fragt: »Euer Gnaden befehlen? Wollen's Ihne nit setzen, gnäd'ger Herr?« und der geschmeichelte Zivilbeamte macht weiter keine Umstände und folgt uns in das andere Zimmer.

Wir setzen uns und nehmen zuerst die Speisekarte zur Hand. Sie werden bemerken, mein bester Herr Hofrat, daß diese in Wien »Speise-Tarif« benannt ist; alles, was den Bedürfnissen des Leibes angehört, wird hier großartiger als in Preußen behandelt. In Preußen behandelt man dagegen die Bedürfnisse des Geistes großartiger, einziger Herr Hofrat! Dort ist das Land flach, hier das Wissen. Euer Wohlgeboren lächeln beifällig. O wie freue ich mich, daß dieser dumme Witz vor Euer Wohlgeboren Ohren Gnade gefunden. »Aber, was befehlen Sie? Ist Ihnen vielleicht »Lumpelstrudelsuppe« gefällig, oder wollen Sie »Junggansel?« »Böhmische Dalken« stehen Ihnen auch zu Diensten, ebenso auch »Esterhazy-Lungenbraten«. Wenn Sie durchaus »Kälbernes« haben wollen, so muß ich um genaue Angabe bitten: »Hinteres« oder »Vorderes!«

So reißen doch Euer Wohlgeboren den Mund nicht so weit auf; wir haben ja noch nichts!

Herr Hofrat, vielleicht interressiert Sie ein »Wespennest«, oder essen der Herr Besitzer des roten Adlerordens vierter Klasse lieber einen »Scheiterhaufen«? Ich bitte nur zu sagen, ob Sie »Schöpfernes« belieben, »kleine Vögerl«, »gebackene Händel«, oder einen »Rostbraten«?

Richtig, Rostbraten! Das ist ein herrliches Gericht, das wird Ihnen, trotz Jagor, Meinhardt und Beyermann, trefflich munden. Ägidius, komm mal her! Bringe uns zwei Rostbraten, aber ja vorzüglich gut! es ist ein preußischer Hofrat hier, mit einem roten Adlerorden vierter Klasse. Mit Zwiebeln und gebratenen Erdäpfeln; von beiden nicht zu wenig, verstehst? Im einzelnen der Rostbraten nicht zu fett, und im ganzen etwas scharf gebraten.«

»Befehlen's Bier oder Wein?«

»Gott bewahre, nur kein Bier! Das Bier ist Deutschlands Fluch; es macht gleichgültig, träge und zuletzt dumm. Herr Hofrat, Sie trinken vielleicht Bier? Königs, Märzen oder Ächtes? Bringe nur Königsbier, Ägid, und mir bringst a halb Maaß Gumpoldskirchner und a frisches Wasser!

Schauen Sie! Neben uns sitzen sich zwei Herren gegenüber, die den berühmten Zigarren-Tausch beginnen. Ich erinnere Euer Wohlgeboren daran, daß die österreichische Regierung den Tabak selbst fabriziert und weder den Dampf reiner ausländischer noch ungarischer Blätter vertragen kann, oder wenigstens nur gegen furchtbare Angaben. Da nun aber, wie Seine Majestät der Kaiser von Rußland, Nikolaus I., in seiner berühmten Rede an die Munizipalität der Stadt Warschau äußerte, keine noch so *gute* Polizei imstande ist, jede Verbindung der Einwohner mit dem Auslande zu unterdrücken, und da die kaiserlichen Zigarren so nichtswürdig schmecken, daß ein nicht total patriotischer Gaumen sich gegen sie bäumt, so können sich der Herr Hofrat wohl denken, wie viele feine Zigarren eingeschmuggelt, geraucht werden, und in welchem Range sie hier stehen. Ich gebe Euer Wohlgeboren mein Wort, daß den jungen Wiener Bonvivants, die keine Ahnung von wahrhaften Verdiensten um Menschenwohl haben, ein halbes Dutzend Zigarren lieber sind, als ein ganzes Dutzend preußischer Hofräte. Sehen Sie selbst, wie wichtig die beiden Herren hier den Tausch betreiben.

Sie haben eben das Geschäft des Abendessens beendigt, und schauen sich mit einem Male groß an. Was wollen Sie voneinander? Warten wir die Zeit ab. Ihre Mienen werden immer fragender, ihre Augen immer pfiffiger. Endlich lispelt der eine: »Haben's?«

Der andere antwortet nicht, sondern blinzelt nur freundlich mit den Augenlidern. Beide greifen in die Taschen und holen ihre Zigarrenbüchsen heraus; beide halten eine Zigarre hoch; der Tausch geschieht, und nun wird zur Besichtigung geschritten. Zuvörderst urteilen beide Herren über das Alter der Zigarren und nennen als ihren Geburtsort, wo sie *gewickelt* sind, Hamburg, Bremen usw. Dann halten sie die Röhren des Dampfes an das Ohr, drücken sie mit Zeigefinger und Daumen, horchen, ob die Blätter ein knisterndes Geräusch geben, und bekommen auf solche Weise Nachricht über das Alter derselben.

Nachdem auch diese Handlung vorüber, wird die Zigarre von dem Ohre getrennt und unter die Nase geführt. Hier erleidet sie Beriechung, und ist auch dieser Akt vorüber, muß sie die Feuerprobe bestehen. Man streift ihre Spitze sechs bis acht Mal durch das Licht und beginnt endlich zu rauchen.

Nach einer kurzen Pause, während welcher man sehr wichtige Gesichter schneidet, wird von beiden Richterstühlen freimütig und ohne Parteilichkeit das Urteil über die lieben Verbrecher gesprochen. »Die Ihrigen sind besser. Wo haben's her?« Der andere nennt den Kellner dieses oder jenes Gasthofes als geheimen Lieferanten, bedauert aber, daß er nur fünfzig Stück habe erhalten können.

Und, glauben Sie mir wohl, Herr Hofrat, daß der junge Herr da vielleicht morgen keine einzige Zigarre mehr hat? Irgendeiner von den Gästen zeigt ihn morgen an, und bevor er sich übermorgen aus dem Bette erhebt, pochen schon die polizeilichen Schnüffler an die Tür, durchsuchen sein ganzes Haus, reißen den Fußboden der Zimmer auf, wenn sie es für notwendig erachten, und nehmen alle Zigarren und jedes Blatt Tabak, sofern der Besitzer keinen Tezelschen Ablaß, keine Bollete vorweisen kann! Das ist wahrhaftig möglich, Herr Hofrat; Sie müssen aber trotzdem der kaiserlichen Regierung nicht zürnen, denn erstens ist der Kaiser selbst ein humaner, trefflicher Mensch, und zweitens – – da ist unser Essen, unser Rostbraten! Beißen Sie zu, Herr Besitzer des roten Adlerordens vierter Klasse!

Aber warum ziehen sich denn Euer Wohlgeboren den Rock nicht aus? Ich sehe, Ihnen ist warm geworden. *Genieren* Sie sich vielleicht der eleganten Damen wegen, die von jenem Tische ihre feurigen Augen strahlen lassen? Mein Gott, Herr Hofrat, die Engel gehen ja ganz splitternackt, und die Wienerinnen sind viel zu gutmütig, viel zu liebenswürdig, um einem Manne irgendetwas übel zu nehmen.

Eine Hausiererin tritt herein und bietet Lose zu einer kleinen Tabakspfeife feil; eine andere zu einem Gemälde; mit beiden wird ein wenig gescherzt. Wenig aber deutlich. Ein Hausierer hat Bürsten, Zahnpulver, Kämme, kleine Handspiegel, Feuerzeuge, Seife usw., ein anderer quält uns, Hosenträger, Krawatten, seidene Taschentücher und dergleichen zu kaufen. Sie werden alle äußerst grob behandelt und nicht immer mit Unrecht, denn viele von ihnen gehören zur –

Aber, Herr Hofrat, Sie werden ja blaß! Ängstigen Sie sich vielleicht, daß ich hier *ungeniert* spreche? O deshalb beruhigen Sie sich, edle, zärtliche Seele. Die österreichische Regierung glaubt, daß ihre Prinzipien zur Aufrechterhaltung eines so großen Landes und so heterogener Völker die weisesten sind; sie macht auch kein Hehl aus diesen Prinzipien, wie gewisse andere Regierungen, Herr Hofrat! Sie weiß, daß der freidenkende Ausländer vieles an ihr tadeln muß, was er vielleicht bei näherer Kenntnis als notwendig erkennen würde; sie verfolgt ihn deshalb nicht, sie achtet die heiligsten Rechte des Menschen mehr, als sie glauben macht. – Und das heiligste Recht des Menschen ist freie Mitteilung, freier Austausch seiner Ideen. Selbst die feindlichste Meinung gegen Gott ist kein Verbrechen; der gleichen Wahnsinn findet keine Anhänger. Ein kräftiger, gesunder Staat bestraft niemals Meinungen; nur wo wunde Stellen berührt werden, empfindet man Schmerz und rächt sich! – Herr Hofrat, nicht doch, nicht doch! Ermannen Sie sich doch! Sie werden noch viel politisieren hören.

Hier im Bierhause hat der Wiener Ruhe zum Politisieren; hier ist er der echte deutsche Kannengießer. Weder die Musik der Reunionen stört ihn, noch die klappernden Billardkugeln und Domino-Steine der Kaffeehäuser; hier rücken sie so nahe zusammen, daß sie ihre Bierkrüge kaum unterscheiden können. Die älteren Leute sind lebendig und trumpfen mit der Hand auf den Tisch, die jüngeren sind ein wenig phlegmatisch; läßt sich aber aus irgendeiner Ecke ein Philister hören, so kann man sich darauf verlassen, daß es ein Böhme oder ein Ausländer ist.

Euer Wohlgeboren können auch hier nicht, wie in Preußen, an den Mienen sehen, welcher Beamte hundert Taler mehr hat; ebensowenig treten jene Offiziere so anmaßend und brutal wie die meisten preußischen auf, die schon fünf Jahre dienen. Hier gibt es auch keine adeligen Laffen, die in jeder öffentlichen Gesellschaft über alles die Nasen rümpfen und ihre schafsköpfigen Bemerkungen machen. Hier ist's, beim Himmel, besser sein als bei Ihnen, Herr Hofrat, und wenn auch statt des Fidibus hier Holzspäne zum Anzünden der Pfeifen stehen. Man schreibt hier nicht so viel und so frei, wie in Preußen, aber man lebt hier mehr und freier. Die Holzspäne sind unter dem Herde gefunden worden.

Die Theater sind aus; der Tabaksdampf wird stärker; die Köpfe drängen sich dicht zusammen. Man hört's hier und dort, daß die Löwe und die Henkel vortrefflich gesungen haben, daß Scholz *ungeheuer* komisch, und die neue Posse spottschlecht war. Man hört ferner »Würstel mit Kreen!« rufen, zwanzig andere Speisen, die Rede O'Connels in der Allgemeinen loben; man hört, wie gern sich die Wiener schrauben und aufziehen, und sieht, wie bald sie sich wieder die Hand drücken und mit einem Kusse die alte Freundschaft besiegeln. Sie sehen, Herr Hofrat, wir selber sind in das laute Gespräch gezogen und werden von diesen fröhlichen, gemütlichen Menschen behandelt, als wären wir seit Jahren an ihrem Tische.

Paff!

Das war ein Champagnerpfropfen, der eben knallte. Herr Besitzer des roten Adlerordens vierter Klasse, jetzt wird die Sache für Sie etwas kitzlich. Ich versichere Ihnen, daß die Unterhaltung in wenigen Minuten einen so liberalen Charakter annimmt, wie ihn Euer Wohlgeboren in Rücksicht auf Ihre amtlichen Rücksichten nicht vertragen können. Der heilige Geist des Jahrhunderts entflammt die gefesselten Zungen; die Throne aller Despoten wanken und brechen; den Männern zu England, Spanien und Frankreich, welche die freie Presse aufrecht halten, wird ein jubelndes Vivat gebracht; den Schuften, welche gegen die Freiheit der Völker schreiben, ein Pereat; das Gottesblut, der Champagner, begeistert die Herzen; man umarmt sich brüderlich im Namen der ganzen Welt: des deutschen Mannes schönste Stunde ist gekommen! –

Naderer.

So viel falsche Ansichten und Urteile man auch in Deutschland über das geheimnisvolle Österreich laut werden läßt, keine sind so grundfalsch als diejenigen über seine geheime Polizei! Man sollte glauben, hinter jeder Türe stecke solch ein Regierungs-Vogel, der alles aufschnabelte, was man spräche, und es schnell zum großen Neste trage; man sollte glauben, es wäre in Österreich gefährlich zu denken und zu fühlen, weil im Gehirne oder im Herzen ein Naderer lauschen könne; man sollte glauben, das Gefängnis sei der Lohn für alle laute, poetische Meinungen, die den Prinzipien der schwarz-gelben Regierung zuwiderlaufen.

Ich glaube, daß die Regierung selbst diesen Wahn nicht zerstören will; es ist mehr ihr Grundsatz, die Äußerungen des Zeitgeistes zu vermeiden, als sie zu bestrafen. In gewissen andern Ländern dagegen kokettiert man immerfort mit geistiger Toleranz, täuscht die eigenen Untertanen und raubt ihnen Freiheit und alle Güter des Lebens, sobald sie in die Falle gehen. Man hält den Glauben aufrecht, als hätte man selbst den Weg zur Aufklärung eingeschlagen, und wagen es einzelne aus dem Volke, ermutigt durch diese liberalen Grundsätze, denselben Weg zu betreten, so wirft man sie ins Gefängnis, oder weiß sie auf andere Weise zu ruinieren! – Österreich ist viel humaner als... manche andere Regierung, die keine so schwierige Stellung, keine germanischen, magyarischen, slawischen und italienischen Völker unter einem Zepter hat. Österreich hat seine weitverbreitete geheime Polizei; ich will zugeben, daß diese stets wachsam ist und die geringfügigsten Gegenstände zu Papier bringt, daß sie aber den Leuten Meinungen *entlockt*, und diese zu ihrem Verderben gebraucht, ist eine Unwahrheit. Nur wirkliche Verbrecher werden bestraft, das, was andere Regierungen zu Verbrechen stempeln, verhütet man, oder ist es einmal geschehen, seine Folgen.

Hat man in Norddeutschland Wien genannt, so ist das zweite Wort: Naderer. Man glaubt, die Polizei lege jedem Fremden einen unsichtbaren Strick um den Hals, und sie brauche nur zu ziehen, so wäre man aus der Welt. Und nun kommt man nach Wien, wird auf die freundlichste und artigste Weise von allen höheren Beamten behandelt, findet selbst unter den niederen nur wenige Klötze; hört überall freimütig politisieren, alle Tage neue Bonmots, die Krone und Purpur berühren; findet in allen Familien *verbotene* Bücher, abonniert sich für den Zirkel *verbotener* Journale; sieht alle Leute *verbotenen* Tabak rauchen, wo das Tabakrauchen *verboten* ist; kauft überall Waren, die viel teurer sein müßten, wären sie nicht auf *verbotenem* Wege nach Wien gekommen; trinkt überall *verbotenen* Wein, und findet überall *verbotene* Mädchen! Wo ist da geheime Polizei; was tut sie? Selten hört man, daß jemand eine Geldstrafe erduldet hat; die Wiener selbst zeigen dir hier und dort einen Naderer, aber fragt man, ob seit Jahren ein Wiener durch diese Naderer inkommodiert ist, so erhält man ein entschiedenes Nein zur Antwort. Wahrhaftig! das Herz der österreichischen Regierung ist viel besser, als ihr Gesicht; und wahrhaftig, das ist bei den meisten Regierungen nicht der Fall!

Ich kenne ein anderes Land, sagte mir jemand, in welchem auch geheime Polizei ist, zwar nicht organisiert, aber desto schlimmer, desto mehr Unfug. Schufte, – denn Straßenräuber wird jeder rechtlich denkende Mensch für ehrenvoll gegen einen geheimen Polizisten halten – Schufte drängen sich in öffentlichen Örtern an diese oder jene Gesellschaft, leiten selbst das Gespräch auf Politik, spötteln selber über dumme oder harte Verordnungen und Einrichtungen; sind fünf, sechs Wochen lang die teilnehmendsten, offensten Freunde, schleichen sich in alle Familiengeheimnisse, und ehe man sich's versieht, sitzt einer aus jener Gesellschaft mitten unter den abscheulichsten Verbrechern! Kommt es nicht so weit, so sind wenigstens alle Leute notiert, welche nicht gleich die Hände über die Brust kreuzen und niedersinken, sobald sie den Namen des Fürsten, seiner Kinder oder seiner Minister hören. Und wessen Name bei der Polizei auf der schwarzen Tafel steht, dem wird es niemals gutgehen, der mag anfangen was er will, tausend unsichtbare Hände zerreißen, was er spinnt, vernichten, was er schafft. Und was haben die unglücklichen Leute verbrochen? Sie haben nicht alles vortrefflich gefunden, was die Regierung getan.

Gott, der allmächtige Gott hat nichts dagegen, wenn ein Unglücklicher sich beklagt, seinen Schmerz und die Frage ausspricht: warum hast du mir das getan? Aber viele Fürsten sind heiliger als Gott, viel heiliger; wer nicht alles lobpreist, was sie tun, ist der Feme verfallen! Christus selbst bat seinen Vater im Himmel: ist es möglich, so nimm diesen Kelch von mir! Wer sich aber in manchen Ländern erfrechte zu bitten: Fürst, nimm diesen oder jenen Kelch, diesen Minister, jene Abgabe von uns, wurde ins Gefängnis geworfen. – Doch wie unlogisch rede ich hier: darum ist ja eben Gott unser gütiger, liebevoller, großer Gott, weil er nicht die entfernteste Ähnlichkeit mit gewissen Fürsten hat!

In Österreich *lockt* man nicht, reibt sich nicht die Hände, wenn man aus einem schuldlosen Menschen ein neues Verbrecherchen fabriziert hat; zu solchen Missetaten lieben die Kaiser ihre Völker zu sehr, und die Machthaber haben nur falsche Ansichten, falsche Grundsätze; ihre Herzen sind gut, sie lieben die Menschen und warnen sie freundlich. Es ist keine feindliche Stellung zwischen dem Volke und der Regierung in Österreich, keine feindliche Stellung zwischen dem Militär und den Bürgern, alle, alle mischen sich friedlich untereinander! Freilich – von den Pfaffen zieht sich das Volk zurück, und die Pfaffen vom Volke – da sitze ich fest. Ich will nichts hartnäckig durchführen, was ich aufgestellt habe; ich will nur richtig schildern.

Aber wozu sind denn nun die Naderer in Wien? Still, tretet näher zu mir, legt eure Ohren an meinen Mund, daß die Ohren der Wände keinen Laut vernehmen:

»Ich weiß es nicht!«

Eine Regierung – mitten unter hochgebildeten Nationen, mitten in dem Jahrhundert der Emanzipation der Völker, der Aufklärung und sie allein ohne Willen fortzuschreiten, das historische Recht in der einen, das Kreuz in der andern Hand – eine solche Regierung braucht bei vielen Gelegenheiten etwas Enthusiasmus, etwas Patriotismus, einige tausend Hurras und Vivats und dergleichen mehr. –

Das Burg-Theater.

Bevor ich zur Beurteilung dieser Bühne komme, ist es nötig, meine Meinung über die deutsche Bühne im allgemeinen auszusprechen.

Unsere jugendkräftige tätige Zeit wird auch das Theater nicht übersehen; sie wird die philosophische Diarrhöe der Dichter, den falschen Pathos und die Subjektivität der Schauspieler, die alberne Ängstlichkeit der Regisseure und den nichtswürdigen Schachergeist der Direktionen vertreiben. Das sind freilich pia desideria, aber es wird Frühling werden; die starre Eisdecke fängt schon an zu schmelzen, und bald werden die Bäche murmeln.

Ich muß bei einem so wichtigen Institute, wie das Burgtheater, viel umständlicher, detaillierter als in meinen andren Bildern werden; um es richtig darzustellen, muß ich fremde Schauspieler und Dichter vor die Feder fordern. Ich will alten vergelbten und vertrockneten Ansichten und Gesetzen entgegentreten, und – unbekümmert, ob ich im einzelnen Haß oder Wohlwollen erwecke, neben der Heiligkeit der Kunst auch die Interessen der Gegenwart berücksichtigen. – Ich werde loben, ohne Enthusiast zu werden, und Tadel aussprechen, ohne ihn in einen galanten Schleier zu hüllen.

Für den Dutzend-Menschen hat freilich keine Frage Wichtigkeit, welche über die Grenze seines Körpers hinausgeht, also auch die nachfolgenden nicht. Dem Gebildeten aber, den im einzelnen die Welt sieht, ist nichts ohne Wichtigkeit; er sieht tausend und abermal tausend Begebenheiten an sich vorüberrollen, aber keine große ohne die kleinsten, keine unbedeutende ohne die wichtigsten. Wie kein Sandkorn aus der physischen, weiß er, daß kein Gedanke aus der geistigen Welt kann, und er kombiniert die heterogensten Dinge durch einen einzigen gottseligen Gedanken, durch den Gedanken: es dreht sich alles, alles um das Wohl der Menschheit.

Es fragt sich nun zuerst, was haben wir für Dichter, und sind solche geeignet, das Volk zu bilden und sein Herz für Freiheit, Schönheit und Tugend zu entflammen; ist unser Theater die ästhetische Schule der Nation, ein Spiegel des Lebens, das lebende Denkmal großartiger, tatkräftiger Menschen, die Geißel der Schwächen unserer Zeit?

Um das Nein zu rechtfertigen, mit welchem ich diese Fragen beantworte, muß ich unsere lebenden Geister zitieren.

Zuerst tritt *Raupach* auf, jener Raupach, dem die neuere Zeit bereits seinen Lorbeer vom Kopfe gerissen, und den auch ich für einen schlechten, verderblichen Dichter halte, für einen Dichter, dem die Muse nie etwas anderes gewesen, als die Kuh, die ihn mit Butter versorgte. Er wohnt in Berlin neben Spontini auf dem Gensd'armenmarkte, auf dem Gensd'armenmarkte steht das Schauspielhaus, und auf dem Schauspielhause der Pegasus.

Es ist viel bezeichnender, daß das Berliner Schauspielhaus auf dem Markte der Gensd'armen, als daß der Pegasus auf dem Berliner Schauspielhause steht.

Raupach, der dramatische Schewa, kämmt sich alle Morgen einen Turm von grauen Haaren, setzt sich die Brille auf, die den spekulativen Kopf noch spekulativer macht; geht mit gekrümmtem Rücken hinüber nach dem Schauspielhause; setzt sich auf den Pegasus und reitet zu Herrn von Raumer, um »die Buß' dem Bankrottierer auszuschneiden«. Dann holt er den Regisseur Nawinsky ab; dieser setzt sich in eine Droschke, der Pegasus verwandelt sich in einen Bock, Raupach in einen Schneider, so kommt er mit seinem Gehilfen zur Wohnung der Madame Crelinger, um ihr Maß zu einer neuen Rolle zu nehmen. Von dort geht es zur Madame Unzelmann und zum Fräulein von Hagn, und nach diesen kommen die Herren Lemm, Devrient, Krüger, Grua, Rott, Weiß usw. an die Reihe. Jedem Schauspieler wird Maß genommen, und der poetische Schneider flickt und näht was Zeug hält. Jene Künstlerin bekommt ein leichtes Ballkleid, diese eine flimmernde Schleppe, jener einen modernen Frack, dieser einen Purpur und ein dritter den Sürtout. Und die ganze Garderobe aus leichtem, billigem Stoffe, leicht genäht; sie soll nur für den Augenblick blenden. Statt der Diamanten buntes Glas, statt des Goldes und Silbers Flittern; der Schneider bleibt immer der Jude Schewa.

Aus Raupach hätte eine Größe werden können, aber es ist wenig aus ihm geworden. Ein Schewa, der das Messer schleift, aber nicht dazu kommt, das Herz zu treffen, Fleisch und Blut zu geben. Sein kostbarer Fond ist vergeudet, weil er ihn bei einem Kaufmanne untergebracht. Alle seine Gestalten, die er aus historischen Werken heraufbeschwört, entbehren der inneren, tiefen Lebenswahrheit. Was sie *sprechen* sind sie nicht. Es sind die Gespenster ihres Seins; sie haben sehr viel bunte Kleider mit shakespearschen und schiller-schen Lappen an, aber es fehlt ihnen Fleisch und Blut; sie philoso-phieren, und möchten sich gern zu Wesen philosophieren, aber sie zerplatzen, bevor sie ihren Zweck erreichen.

Und was ist Raupachs gepriesene Dialektik? Eine fließende Spra-che, aber keine schöne; nicht der Schaum macht das Meer, sondern die Tiefe. Aphorismen und Sentenzen hängen am Felsen und wer-den ans Ufer geworfen, aber es sind lauter Schlacken, selten eine Perle, ein Körnchen Gold; nichts als Bombast, philosophisches Ge-schwätz, vergoldeter Unsinn.

Grillparzer ist viel mehr Dichter, als Raupach, aber ist ebenso krank, er leidet ebenfalls an der philosophischen Diarrhöe, und seine Kraft, mit welcher er zuweilen auftritt, ist nicht Fülle der Ge-sundheit, sondern fieberhafte Anstrengung. Grillparzer ist ein Dich-ter, er hat Phantasie, Erfindung, Herz und Geist, aber die *Gesundheit* fehlt ihm, jenes frische Blut, das durch den Shakespeare rollt, jene welterschütternde Wahrheit, die immer mitten ins Herz schießt, ohne uns den Pulverdampf riechen, und die Zuckungen der ster-benden Glieder sehen zu lassen. Grillparzer wäre vielleicht ein ge-sunder, ein großer Dichter geworden, denn sein Herz ist groß wie der Stephansturm, aber der Stephansturm steht in Wien.

Immermann, Oehlenschläger und *Zedlitz* scheinen leider die Bühne an den Nagel gehängt zu haben, und der geniale *Grabbe* ist mit mehreren andern ein Opfer seiner Zeit, und wird erst von der Büh-ne herab wirken, wenn es wirklich Frühling geworden, und statt der einzigen weißen Farbe, womit der absolute Winter die Erde kleidet, Tausend und Millionen Farben aufatmen.

Ich verlasse nun die kranke Melpomene und gehe zur traurigen Thalia. Der Wiener *Bauernfeld*, die sächsische Prinzessin *Amalia* und der Berliner *Blum* sind die einzigen Dichter, denen die Muse ein freundliches Gesicht zeigt. *Holbein* schreibt nicht mehr und *Töpfers* letzte Arbeiten sind erbettelte Bühneneffekte, mit welchen er die geistige Blöße verdecken möchte.

Das Lustspiel ist immer an seine Zeit gebunden. Es soll die Interessen derselben berücksichtigen, ihre Schwächen geißeln, ihre Torheiten lächerlich machen. Nur einige wenige, die rein menschliche, ewige Interessen berühren, entreißen sich dem Strudel der Vergessenheit. Was heute feine und scharfe Satire ist, wird man nach fünfzig Jahren für abgeschmackt halten; was heute noch Witz ist, kann morgen schon albern sein; Figuren, die im vorigen Jahrhunderte durch ihre Wahrheit bezauberten, ekeln uns an. In jener larmoyanten Zeit, als Lafontaine alle deutschen Tränendrüsen ausdrückte, kam Kotzebue und Iffland gerade recht, und schon jetzt kriegt jede gesunde Natur einen Katzenjammer nach ihren Katzen-Jämmerlichkeiten. Diese unermeßliche Fülle von Tugend und Ehrlichkeit; dieser ungeheure Klumpen des gediegensten Lasters; dieser Mangel an Geld auf der einen Seite, dieser Überfluß auf der andern – ach! daran haben sich unsere guten Väter unendlich erbaut und manchen Platzregen von Tränen losgelassen; jetzt aber erbauen sich nur noch unsere Putzmacherinnen an solchen Elementen. Iffland und Kotzebue haben soviel Tugend gemacht, daß es eine Sünde und Schande ist, wie billig sie geworden! Ein neuer Tugendfabrikant kann gar nicht mehr aufkommen; er muß rein verhungern, läßt er sich nicht etwa ein Patent auf eine neu erfundene Tugend geben, und schickt einen Reisenden mit der Probekarte in die Residenz. Beim Apollo! es ist ein erschrecklich langweiliger Zustand, wenn so rings um einen her lauter Tugend ist! Man sehnt sich nach einem Stückchen Sünde, wie der Gefangene nach frischer Luft; es ist daher sehr erklärlich, daß die Anschauer in Produkten solcher Art erquickenden Atem schöpfen, sobald der einzige Nichtswürdige auftritt. Dieser ist immer ungeheuer nichtswürdig. Er ist ebensowenig Mensch wie jene Tugendhelden; sie erheben nicht das ästhetische Gefühl des Zuschauers, sondern kitzeln und quälen seine Sinne.

Ein zweiter Mangel jener dramatischen Dichter, den übrigens auch die englischen, italienischen und von französischen namentlich Moliere mit ihnen teilten, lag in ihrer Charakteristik. Sie zeichneten zu schroff , mit zu grellen Farben; ihre Menschen waren mitunter trefflich geschildert, aber sie fielen mit ihren Leidenschaften ins Haus und warfen sie jedem an den Kopf; sie waren natürlich, wahr, aber nur für sich, nicht im Bilde. Sie forderten zu viel Dummheit von ihren Umgebungen, um für Menschen zu gelten; sie waren nicht abgeschliffen, ohne Berücksichtigung der sozialen Gesetze gezeichnet. Denselben falschen Weg gingen natürlich auch die Darsteller. Der griechische Bildhauer durfte seine Figuren nackt darstellen, sobald er es nur mit dem einzelnen Menschen zu tun hatte, denn dieser wird vollendeter, je mehr alles entfernt ist, was nicht zur Natur gehört. Jeder Künstler aber, der ein Bild von mehreren Figuren liefert, muß zuerst die Natur: den empfindenden Menschen; zweitens ihren Widerstand: den vernünftigen Menschen; drittens aber auch den Anstand: den zivilisierten Menschen berücksichtigen. Der Mensch ist nur der natürliche Mensch, solange er allein ist; sobald ein zweiter hinzutritt, treten auch Äußerlichkeiten hinzu, weil beide in irgendeinem Verhältnisse zueinander stehen müssen.

Diese Mängel sind es, die wir schmerzlich bei den früheren und späteren Dichtern, namentlich bei Anschauung ihrer Lustspiele empfinden, in denen der zivilisierte Mensch am meisten erfordert wird. Und diese beiden Klippen müssen neuere Dichter vermeiden, wollen sie an der kraftvollen und gesunden Zeit, deren Morgenrot schimmert, nicht scheitern und mit ihrem Talente untergehen.

Hier ist nun der Ort, wo Bauernfeld, Amalie von Sachsen und Blum, alle drei nach dem französischen Konversationsstück gebildet, aber doch voll deutscher Seelentiefe, ihre Lorbeeren pflücken. Sie sind die einzigen Dichter der deutschen Bühne, die unsere Zeit in jeder Hinsicht berücksichtigen, uns Menschen keine Kulissenwesen malen. Freilich sind die politischen Verhältnisse Deutschlands ihrem Geiste ein mächtiger Widerstand, allein Gott blickt durch die kleinste Ritze. Die Dichter sind sich übrigens nur in diesem Punkte ähnlich, sonst wesentlich verschieden. Amalie von Sachsen hat mehr Erfindung und mehr Gemüt als Bauernfeld und Blum; sie greift – wunderbar genug! – so wahr in das bürgerliche Leben hinein, daß jedes, auch noch so schlichte Wort, ergreift und wohltätig auf die Seele wirkt. Blum ist mehr Genie als Bauernfeld, dieser mehr Künstler; jener hat mehr Beweglichkeit des Geistes, dieser mehr Tiefe. An Witz und Bühnenkenntnis fehlt es beiden nicht.

Von unsern Übersetzungs-Fabrikanten spreche ich später – die Volkspoesie findet ihr eigenes Kapitel, jetzt treten nur noch drei

Gestalten vor meine Feder, die ihre Würdigung und Darstellung verlangen: *Carl von Holtei, Deinhardstein* und *Charlotte Birch-Pfeiffer.*

Ich habe Holtei in Baden bei Wien kennengelernt; wir gingen zusammen durch das wunderschöne Helenental und drückten uns herzlich die Hand; ich regte absichtlich alle seine Empfindungen auf, und tat einen tiefen Blick in sein Innerstes. Man muß Holtei persönlich kennenlernen, um ihn leicht zu erfassen; aus seinen Werken allein ist es schwierig, fast unmöglich. Es gibt wenige Menschen, die so innerlich zerrissen sind wie Holtei, so zwischen Himmel und Erde schweben, zwischen der reinsten Poesie und der nüchternsten Prosa. Es ist eine tief tragische Natur in der Hanswurstjacke; seine Späße triefen von Blut, seine Natürlichkeit geht auf Stelzen, und sein Ernst schneidet komische Fratzen; die Ironie ist das einzige, was sich in dem Chaos seiner Seele zu gestalten scheint. Es gibt keinen sensibleren Menschen als Holtei; ein Hauch erschüttert ihn, empört ihn, aber das Erhabene tut ihm weh, erdrückt ihn. Er will alles mit dem Verstande beherrschen, aber sein Herz behält gegen seinen Willen die Oberhand. Er glüht enthusiastisch für Goethe, und doch ist Goethe wenigen Naturen so verletzend wie der Holteischen; in ihm ist er untergegangen; Goethe war das Licht, um das er so lange flatterte, bis er sich die Flügel verbrannte. Sein Erscheinen in der dramatischen Literatur ist krampfhaft; er zuckt genialisch, aber er dichtet nicht; sein Schmerz ist ebenso unschön, wie sein Scherz, und ihre Wirkung verderblich.

Deinhardstein hat eigentlich nur vier Piecen geschrieben, durch welche er sich auf die Höhen der Menschheit gedrängt hat, und von seinen Freunden zu den Dichtern gezählt ist: »Maximilian's Brautzug«, »der Egoist«, »Hans Sachs«, und »Garrick in Bristol«. Einzelnes Gute in diesen ersteren Produkten soll der Feder des vortrefflichen Schreivogel (West) gehören, – namentlich soll der poetische Schuster viel Westliches haben – und dieses Gerücht verdient um so eher Glauben, als Garrick in Bristol ein mattes, geistloses Produkt ist, und nur durch Ludwig Löwes meisterhaftes Spiel Reiz erhält. Nichtsdestoweniger hat Deinhardstein ein schönes Talent, und er wäre sicher ein Dichter geworden, hätte er auch ein schönes Herz. Aber hier ist die Stelle, wo er sterblich ist. Der Liberalismus, den er in seiner Jugend laut werden ließ, war fremdes Eigentum, gehörte seinen Freunden; ihm selber hat nie etwas für das Wohl der

Menschheit im Busen geschlagen; er hat nie den göttlichen Puls-schlag der Welt gefühlt; ihn konnte nur Gnade begeistern und ein Titel erheben. Er war schon ein österreichischer Regierungsrat, als er noch in der Wiege lag. Durch alle seine Arbeiten weht ein Aristo-kratismus, vor dem sich jedes gesunde Herz niederlegt, um nicht erstickt zu werden. Seine Figuren sind nur insofern Menschen, als sie Untertanen sind; sie lächeln nur, wo sie lachen sollten; sie win-seln nur, wo sie Schmerz und Wut ergreifen müßte.

Tief unter diesen steht die *Birch-Pfeiffer*, die mit ihren gebirch-pfeifferten Romanen in Deutschland umherzieht, und ihre Gefühls-Lappen und Poesielumpen zur Schau hängt. Von dieser großen dramatischen Heuschrecke, welche mit den kleinen dramatischen Heuschrecken *Angely, Kurländer* usw. die Felder des guten Ge-schmacks verwüstet, muß man nicht lange sprechen; man muß sie zu vernichten suchen.

Ungeziefer hat es immer gegeben; es ist nur zu beklagen, daß grade dieses Ungeziefer von unsern Direktionen gesucht wird, weil es viel und billigen Schmutz liefert.

Der Grund alles Übels der deutschen Bühnen liegt in ihren Direk-tionen. Jeder Schuster muß sein Meisterstück machen, bevor er sein Geschäft betreiben darf; die Fähigkeiten eines Lampenputzers und Nachtwächters untersucht man, bevor ihnen ihre Ämter anvertraut werden, aber die Fähigkeiten eines Mannes zu untersuchen, dem man öffentlich Einwirkung auf Sitten und Bildung des Volkes zuge-steht, haben die Machthaber weder Zeit noch Lust. Die Schädlich-keit der sogenannten Wunder-Medikamente medizinischer Scharla-tane wird sogleich von wachsamen Ärzten bekannt gemacht, und doch gilt es hier nur dem Leibe; wenn aber Direktoren, die keinen Begriff von Kunst und Ästhetik haben, die Seelen mit miserablen Essenzen vergiften, da schweigen wir, und lassen frisch drauflos dergleichen Kunst-Quacksalber ihr Wesen treiben. Das Schwert der Gerechtigkeit zieht Beutelschneider und Industrie-Ritter zur Strafe, junge Schriftsteller, die ihre Liebe zur Freiheit dokumentieren, Leu-te, die vor zehn, zwölf Jahren auf der Universität einer Verbindung angehörten, welche oft nur den Namen einer Verbindung hatte, werden der Freiheit beraubt, aus den Armen ihrer Weiber und Kin-der gerissen und mit der grenzenlosesten Strenge verfolgt; aber den elendesten Subjekten gibt man Konzessionen zu Theatern, damit sie cum privilegio Unheil stiften können!

In den Residenzen ist die Theater-Direktion eine Hofcharge. Hält es irgend ein Freiherr v. d. nicht unter seiner Würde, sich mit gemeinen Leuten, mit Künstlern und *Künstlerinnen* abzugeben, so wird weiter kein Bedenken getragen, ihm das Amt zu geben. Es handelt sich ja nicht um die Kunst, sondern den Lüsten des Hofes und seinen politischen Prinzipien zu huldigen. Der Hofmann wird Intendant, und nun mag es gehen, wie es will; er mag die Kunst auf den Hund bringen, die Seele des Volkes vergiften, die Künstler malträtieren, durch seine Kabalen und Albernheiten tausend Kabalen und Albernheiten erwecken, das ist alles gleichgültig! Nimmt er nur keine neuen Stücke an, in denen Fürsten und Minister schlecht oder dumm sind; vernichtet er nur aus den Meisterwerken unserer großen Geister diejenigen Gedanken, welche Freiheit atmen; pfuscht er nur mit seiner diplomatisch-knechtischen Feder in die Gebilde des Genius.

Für die Provinzen gibt man die Privilegien so gleichgültig, wie zu einem Branntweinschank oder zu einem Bierhause. Das ist Staatspolizei-Maxime.

Hier nimmt ein verdorbener Kaufmann die Überreste seines schiffbrüchigen Vermögens, rafft eine Menschenmasse zusammen, die sich Schauspieler nennen, weil sie mit allen Lastern bekannt sind, und errichtet Thalien einen Tempel mit ebensoviel Kenntnis und Geschmack, als ob er einer Artemisia ein Mausoleum bauen, oder den Einwohnern zu Kroton eine Aphrodite liefern sollte. Rechnen kann der Mann und gibt weder einem Pythagoras noch Palamedes Lehrgeld, aber von dem, was Geschmack ist, weiß er ebensoviel wie ein Wiener Schusterbube von Hegelscher Philosophie.

Ein anderer legt sein Kapitälchen bei Thalien auf Interessen. Er führt das Publikum in Wüsten umher und mag schlagen wohin er will, an seinen Kopf oder an sein Herz, so gibt es Wasser. Er hat nur Sinn und Gefühl für seine Kasse, und sollte er einmal so glücklich sein, die Musen mit ihren strahlumkränzten Häuptern zu sehen, so bedauert er gewiß, solchen Nimbus nicht in den Schmelztiegel werfen zu können.

Plutarch erzählt, daß Philipp von Mazedonien, als er sich einst mit seiner Armee an einem bequemen Orte lagern wollte, – und ihm gesagt wurde, daß es nicht sein könne, weil hier kein Futter für die Lasttiere zu finden sei, ausgerufen habe: O des elenden Lebens, wenn man sich sogar der Esel wegen genieren muß!

Der größte Teil des deutschen Theater-Publikums ist berechtigt, in eben diese Klage auszubrechen.

Die Direktionen sind schuld, daß sich so wenig talentvolle und geistreiche Schriftsteller der Bühne widmen. Teils streicht man ihnen das Beste aus ihren Werken, teils sind sie den Kabalen der gemeinsten Kulissenreißer bloßgestellt, und endlich bezahlt man dramatische Produkte wie die Juden alte Kleidungsstücke. Da ist es denn natürlich, daß Gastwirte, Krämer, schlechte Schauspieler usw. in ihren müßigen Stunden ohne Sinn und Verstand französische Piecen ins Deutsche übertragen, auf diese Weise die geistige Luft unseres Landes verpesten und unsere Dichter zurückdrängen.

[...]

Dritter Traum.

Es war Nacht, finstere Nacht. Ich ging gedankenvoll durch eine hohe Burg; um die hohe Burg kreisten Adler und Eulen.

Die Riegel sprangen vor mir auf, ich schaute in alle Gemächer. Überall herrschte Totenstille; nur in der Küche war es noch lebendig:

Die Töpfe und die Schüsseln kannegiesserten, die Mehlspeisen fluchten über England und Frankreich, die Bratenreste sprachen von Pension.

Und am Ende des finsteren Ganges stand eine weiße Gestalt, die erhob ihre Hand und winkte mir, ihr zu folgen.

Und als sie sich bewegte, hörte ich Kettengerassel, und es schauerte mir durch die Glieder wie ein kalter Wind.

Und jedes Haar sträubte sich vor Entsetzen, denn der Geist stand still, holte aus tiefer Brust Atem und seufzte wie ein Sterbender.

Und ich sah eine große Bühne, auf welcher die Bildsäulen Schillers, Shakespeares und Goethes standen, und hörte folgende Worte:

Schiller.

> Nein, länger trag' ich nicht die Schmach! Es ruft
> Der Gott in mir mich selbst zur Rache auf!
> Welch' Staubgeborener steht so hoch, daß er
> Die frevle Hand an mich zu legen wagte
> Nicht zitternd vor dem Fluch des Genius,
> Der mich begeistert für mein deutsches Volk?
> Wo schläft dies Volk, für das ich sang? Hab' ich
> Den Tell erweckt, den kräft'gen Sohn der Schweiz,
> Den freien Mann auf seinen freien Bergen,
> Daß er vermodre in der Gruft? Rief ich
> Den Wallenstein, daß jeder glatte Wurm
> Der Politik an seinem Leichnam zehre?

Goethe.

Mein Freund, du mußt die Zeiten nehmen wie sie sind;
Man kann im Winter keine Rosen brechen!
Ist jetzt der treue Kettenhund noch blind,
Den du das Volk genannt, und schläft in Ruh,
So braucht man wohl ein Säkulum dazu,
Zu wecken ihn und seinen Star zu stechen!
Zu schnelles Licht tut nicht dem Auge wohl,
Man muß erst mit der Sonne kokettieren;
Kurz, klingt es dir prosaisch auch und hohl:
Der Mensch muß niemals die Geduld verlieren!

Shakespeare *(hält sich die Nase zu)*. Wundert Euch nicht, daß ich mir
die Nase zuhalte. Ich hätte mir gern die Ohren zugehalten,
wenn's nicht zu auffallend wäre. Riecht Ihr nichts?

Goethe. Nein!

Shakespeare. Es stinkt hier nach einem Minister! *(zu Goethe)* Sagt
mir doch, guter Freund, könnt Ihr pfeifen?

Goethe. O ja!

Shakespeare. So pfeift einmal!

Goethe. Aber wozu?

Shakespeare. Ich bitt' Euch, pfeift!

Goethe *(pfeift.)*

Shakespeare. Noch ein Mal!

Goethe *(pfeift wieder)*.

Shakespeare. Nun noch ein Mal!

Goethe *(pfeift wieder)*.

Shakespeare. Nun noch einmal!

Goethe *(unwillig)*. Aber ich dächte, ich hätte nun genug gepfiffen.
Kommt zur Pointe!

Shakespeare. Ich bitt' Euch, pfeift noch ein einziges Mal!

Goethe *(pfeift)*.

Shakespeare. Nun noch ein Mal!

Goethe*(zornig)*. Daß ich ein Narr wäre, oder Ihr mich dazu machen könntet! Ich pfeife nicht mehr!

Shakespeare. Da habt Ihr den Menschen, der niemals die Geduld verlieren muß! Ich hätt' Euch pfeifen lassen, so lange Kraft in Euch gewesen, den Mund zu spitzen.«

Hier, wo der Traum interessant werden konnte, erwachte ich.

[...]

Volkstheater und Volkspoesie.

Ich gehe zuerst zum Kärntnertor hinaus. Die Wien mit ihrem stinkenden Atem verpestet die physische, ihr Theater die geistige Luft. Wenn Gemeinheit und die elendeste Possenreißerei ein Volkstheater machen, so erfüllt diese Bühne ihren Zweck vollkommen. Sie sollte das Schöne populär machen, aber sie macht das Gemeine, das Unschöne, die Nichtswürdigkeit populär. Der Direktor *Karl* sitzt auf dem Throne, streicht die Einnahmen ein, baut sich Häuser und verpestet die Seele des Volkes.

Raimund, Österreichs genialster Dichter, hat sich zurückgezogen von diesem eleganten und großartigen Stalle. Ich bezeichne mit diesem Worte nur die geistige Richtung dieser Bühne und will ihre Mitglieder nicht beleidigen; aber für die geistige Richtung finde ich eben kein besseres Wort und darum brauche ich's.

Nachdem Hunde, Affen, Bären, Pferde, Seiltänzer und andere Tiere kein Publikum mehr hineinziehen wollten, suchte Herr Karl alte Ritterstücke aus dem Staube der Bibliothek hervor; ließ sie noch mehr verhunzen, als sie an und für sich verhunzt waren, gab ihnen einen neuen Titel und ließ sie über die Bühne laufen. Er weiß, daß ihre Albernheit in jetziger Zeit nicht mehr ansprechen kann, er weiß, daß jedes einzelne ausgepfiffen wird, aber jedes einzelne macht zum mindesten ein volles Haus, und das ist ihm genug.

Nestroy bringt zwar zuweilen eine dramatische Arbeit, die ein besseres Ansehen hat; aber sein Talent ist auch nichts mehr, als eine kleine Blume auf einem großen Misthaufen. Man muß Wüsten voll Trivialitäten durchwandern, bis man zu einer kleinen Oase gelangt, und auch auf dieser sind Witz und Poesie schon ziemlich verdorrt. Nestroy ist kein Volksdichter, sondern ein Pöbeldichter. Es gibt Leute, die man für witzig hält, weil sie viel mit reisenden Handwerksburschen umgegangen sind; zu diesen gehört jener Held des stinkenden Theaters an der stinkenden Wien. Sein Witz ist keine geistige Erfindung, keine angeborne Eigenschaft seines Geistes, sondern spekulativ, gemacht; alle seine Scherze haben eine stereotype Form, und sie müßten auch ohne die Gemeinheit dieser Form anekeln. Suchen wir nun aber gar nach dem Gemüt, nach dieser Conditio sine qua non eines Volksdichters, so finden wir eine Leere, vor der uns Schauder überfällt, ein Grauen, daß dieser Mensch Einfluß auf die Bildung des Volkes hat.

Wie anders dagegen ist *Raimund*, jener trübsinnige Mann, der langsam den Prater hinunterwandelt! Seine dramatischen Gemälde sind zwar skizzenhaft, ohne künstlerische Form, aber jeder Strich ist Poesie, jede Farbe ist die frische, wohltuende eines weltumfassenden Gemüts, eines schönen Herzens. Man hat ihm vielfach vorgeworfen, daß er die Allegorie in die Volksspiele gebracht, aber nicht ihm, nur seinen faden Nachahmern gehört dieser Vorwurf. Je kindlicher ein Volk ist, je mehr müssen seine Dichter durch das Sinnbildliche Verstand und Herz anregen; sobald seine Atmosphäre philosophisch geworden, verliert sich der Reiz dafür von selbst. Das österreichische *Volk* ist aber noch ein kindliches, und Raimund ist sein einziger Dichter.

Da treten die Geister *Bäuerle, Meisl, Gleich usw.* auf, und fordern Rechenschaft über diesen harten Ausspruch. Kommt her; setzt euch zu mir! »I bin euch herzlich gut, aber i kann halt nit anders.« Ich habe manchmal über euch gelacht und gestehe, daß ihr's trefflich verstanden, Spaß zu machen, und daß ein Spaß viel wert ist in trüber Zeit. Aber gesteht mir nun auch, daß es euch niemals um etwas anderes zu tun gewesen, als guten Spaß zu machen. Einer geistigen Richtung seid ihr niemals gefolgt, als derjenigen, auf welche euch die Zeit führte, und dieser unwillkürlich. Ihr verstandet, wie Raimund, komische Gestalten aus dem Volksleben herauszunehmen und sie über die Bühne laufen zu lassen; aber eines Witzes wegen, den ihr gestern gehört oder gelesen und heute anbringen mußtet, verderbt ihr die Wahrheit jener Charaktere. Ihr seid alle keine Dichter, denn der Dichter ist die Offenbarung Gottes; tief in der Seele treibt und schwellt der poetische Keim, und läßt sich nicht zurückhalten, soviel giftigen Mehltau auch die Welt niederlegt; bringt keine Mißgestalten hervor, soviel Dämonen und Kobolde der Zeit und der Laune des Publikums ihn auch umspielen. Raimund ist ein Dichter, auch seine phantastischen Gestalten hat die Wahrheit geküßt und ihnen Fleisch und Blut gegeben, und wie weit auch seine Phantasie in den Himmel und in das Endlose hinausgreift, niemals schrecken uns Hoffmannsche Spukgebilde oder die bleichen Schatten Ossians. Wahr ist es, daß wir sowohl bei seinen Darstellungen, wie bei seinen Dichtungen oft nicht wissen, ob wir komisch oder tragisch berührt werden, ob es Tränen der Freude sind, die wir vergießen, oder Tränen des Schmerzes; aber das ist sein gottvoller Humor, der gerade den Punkt getroffen, in welchem sich die Extreme berühren; die Wahrheit, sein genialer Blick ist es, der die kleinsten Atome des innern Menschen erfaßt, und sein schönes Talent, das rein und klar, ohne allen nutzlosen Schmuck darstellt. Dem echten Dichter, dem das Blut Gottes durch die Adern rollt, lebt alles; nicht die Blume allein spricht ihn an, der Stern, das Gewitter, die Geschichte, Liebe und Freundschaft, ihm ist alles lebendig. In das träumende Grab blickt er hinunter, und lockt aus den Staubresten der Leiche seine Unsterblichkeit; tief hinunter in das schaurige Meer steigt er und holt seine Perlen; ebenso, wie er das Materielle durch Bild und Gedanken vergeistert, ebenso belebt er das Gestaltlose und gibt ihm Worte. Raimunds Allegorien amalgamieren sich auf reizende Weise mit dem Volksleben und sind ganz geeignet, den Sinn der Zuschauer für das Schöne empfänglich zu machen, sie zu erheben, herauszureißen aus dem Jammer der Alltäglichkeit, um so mehr aber, als selbst durch seine skizzenhaftesten Bilder ein geistiger Faden geht, der die einzelnen Teile zu einem schönen Ganzen verbindet.

Das einzige Theater Wiens, das Raimund noch für würdig hält, seine Dichtungen ins Leben treten zu lassen, ist das in der Leopoldstraße, und diese Bühne ist auch überhaupt die einzige, auf welcher sich ein Volksleben zeigt. Arlequin und Colombine girren hier zärtlich, und der zauberische Maschinenmeister führt sie endlich ans Ziel, soviel auch der dumme langärmige Pierrot und der trippelnde Pantalon dagegen haben. Ich habe mich oft sattgelacht über diesen Pierrot, dem so tausendfältige Schikanen gespielt werden; wenn er so dastand und sich mit großen Augen und noch größerem Munde über eine schallende Maulschelle wunderte, die ihm von unsichtbarer Hand wurde, oder wenn er mit der Nase gegen eine Mauer rannte, daß man glaubte, er müsse sich den Kopf zersprengen. Mit diesen Pantomimen wechseln nun die Volksdichtungen mit ihren gemütlichen Liedern und trefflichen Späßen, bunte neckische Gestalten tauchen auf, und nicht selten würzt tiefe Lebensweisheit das heitere Mahl. [...]

Der Gang durch St. Stephan.

Es war im vergangenen Sommer sehr heiß in Wien. Sooft mich mein Weg über den Stephansplatz führte, ging ich durch die erhabene Kirche, durch das *Ecce homo!* der Wiener, um mich auf einige Minuten abzukühlen. Aus dem muntern Leben, aus dem tollen Wirrwarr trat ich in die stille Welt des Glaubens, in die Zufluchtsstätte frommer Gemüter, in die schwarzen Schatten der Priesterhallen. Das Innere dieser uralten Kathedrale ist ernst und feierlich, so ernst und feierlich, als hätte sich die graue Vorwelt verkörpert, als lauschten in allen Ecken bleiche Geister und klagten über den Hohn des jetzigen Jahrhunderts. Die Wände sind dunkel und schauerlich, nur in der Gegend des Hochaltars belebt von bunten Farben, welche das Sonnenlicht durch die Glasmalerei wirft. Überall blutende Heilige und Gemälde des Schmerzes und der Verzweiflung. Das Schiff der Kirche wird von riesigen Säulen getragen, deren Knäufe sich wie in endlose Höhe verlieren und den Blick betäuben. Ein wunderbares, erschütterndes Gefühl gewährt es, in diese Höhe hinaufzuschauen, während die Orgel ihre majestätischen Töne durch die seufzenden Hallen brausen läßt. Man sieht und starrt und wird von heiliger Scheu ergriffen, denn die Töne scheinen sich oben zu versteinern, und die steinernen Bilder scheinen Form und Ausdruck zu gewinnen, die Heiligen und die grauen, kalten Helden singen.

Männer und Weiber verrichten ihr Gebet vor der Jungfrau Maria, die den Stifter unserer Religion geboren hat; einige liegen auf den Knien, andere stehen andächtig mit gefalteten Händen, die anhaltend Frommen sitzen auf den Bänken. Eines Tages mußte auch ich beten, wollte ich mich hier aufhalten, und ich wollte mich hier aufhalten, denn drüben in jener Ecke saß ein junges, schönes Mädchen, dessen seelenvolle Augen bald auf mir, bald auf dem gekreuzigten Christus ruhten. Ich faltete also meine Hände und betete: –

»Heiliger Geist des Weltalls, der uns aus jedem Sterne anlächelt, aus jeder Blume anweht, aus jedem Gedanken anspricht, ich lasse dir deinen Namen: Gott.

Über uns alle komme dein Reich. Überstrahle mit deinem Lichte auch die betörten Brüder, damit sie ferner nicht auf das Wort deiner Feinde hören, die dich und deine Güte lästern. Auf daß sie sich alle in Liebe umfassen und nicht vor deinem Zorne fürchten, wenn sie die Freuden dieser Welt genießen.

Überstrahle sie mit deinem Lichte, damit sie unsere heiligen Dichter anbeten, die dich verstehen lehren, Geist des Weltalls, und deine Größe offenbaren.

Dein Wille geschehe, denn es ist der unsere; du lebst in uns, im Himmel und auf der Erde.

Unser Brot und unsere Freuden laß uns verdienen; mache uns geistig stark, uns selbst zu beherrschen, damit wir der Herrscher entbehren können.

Schenke uns Freiheit! Erlöse uns von dem Übel der Knechtschaft, die dich selber unterdrückt, denn dein und unser ist das Reich, die Kraft, die Herrlichkeit in Ewigkeit!«

Das schöne Mädchen stand soeben auf, warf mir und dem gekreuzigten Christus noch einen Blick zu, und verließ die Kirche. Ich folgte ihr und ergriff draußen ihre Hand. »Jungfrau!« sagte ich und schnitt ein heiliges Gesicht, »ich habe mich sehr an deiner Frömmigkeit ergötzt. Dein Herz ist rein wie die Sonne.«

»Wer sind Sie?« fragte das erschreckte Kind.

– Ein Knecht des Herrn, ein Priester.

Sie lachte. »Und woher wissen Sie, daß ich wirklich fromm, daß ich keine Scheinheilige bin?«

– Der Himmel spricht aus deinen Augen.

»Viel zu galant für einen Priester. Ich bitte Sie übrigens, diese Rolle aufzugeben, wenn wir Freunde bleiben wollen. Ich halte nit viel von den Priestern.«

»Wie?« fragte ich erstaunt; »Sie halten nicht viel von den Priestern, Fräulein, und gehen in die Kirche?«

»Aus Gewohnheit, weil ich muß, weil's halt so ist, weil meine Mutter es haben will.«

Darf ich Sie begleiten, schönes Fräulein?

»Nicht doch! Ich wohne hier ganz in der Nähe. Meine Mutter tritt eben ans Fenster. Grüß' Sie Gott!«

Mit diesen Worten hüpfte sie fort, drüben in das große Haus hinein. Ich verfolgte die reizende Gestalt mit den Augen, bis die letzte Falte des flatternden Kleides in der Haustür verschwand; ich hätte dem lieben, lockigen Köpfchen zürnen können, daß es sich nicht noch einmal nach mir umdrehte, ich verzieh ihr aber der schönen Füße wegen, die ich in der Kirche nicht bemerken konnte. Das schwarzseidene, enganschließende Stiefelchen und der leicht gewebte, zärtliche Strumpf – o Gott, das kann einen gefühlvollen Menschen außer Fassung bringen. Heiliger Stephan! Morgen bete ich wieder in deinen Hallen.

Und der andere Morgen kam mit seiner glühenden Liebe und küßte die Welt munter. Ich war sehr poetisch gestimmt und schaute hinüber nach den grünen Gebirgen, nach dieser genialsten Dichtung der Natur. Die Natur hat manches Dumme gemacht, z. B. Zahnschmerzen, aber das Gebirge ist ein gottvoller, ewiger Gedanke, ein tausend Gedanken erweckender Gedanke, ein versteinertes Lied von der Unsterblichkeit. Ich hätte gewiß noch viele Vergleiche gefunden, wenn mich der Bediente nicht in diesem Augenblicke gefragt, ob meine Gnaden noch etwas zu befehlen hätten.

Ich fuhr schnell aus meiner Poesie heraus in die Beinkleider hinein, legte den feinsten Wiener Frack an, das einfachste Gilet, die geschmackvollste Krawatte; ich putzte mich so lange, bis ich schön war. Und ich ward schön und ging – in St. Stephan.

Die liebenswürdige Scheinheilige saß drüben in der Ecke; ich grüßte sie nicht, sondern setzte mich neben sie, faltete meine Hände und schaute wie sie nach dem gekreuzigten Christus. »Guten Morgen, schönes Fräulein!« flüsterte ich, ohne sie anzuschauen, leise wie im Gebet. »Guten Morgen, schöner Herr!« flüsterte sie, ohne mich anzuschauen, leise wie im Gebet. »Sind Sie auch Katholik?«

– Zuweilen! –

»Sie sind ein Spötter und werden nicht in den Himmel kommen!«

Das beabsichtige ich auch nicht. Da muß es sehr langweilig sein. Lauter gute Menschen, alle ohne Leidenschaften! Ach, und die Engel!

»Ich glaube, Sie sind der Teufel und wollen mich in Versuchung führen!«

Sie schmeicheln mir, Fräulein. Der Teufel ist interessant.

»Aber gefährlich!«

»Sie hören nicht auf zu schmeicheln«, flüsterte ich wie im Gebet weiter, ohne sie anzuschauen. »Ich bitte, nennen Sie mir Ihren Vornamen; das Fräulein paßt nicht zu unserer Unterhaltung.«

»Ich heiße Marie.«

Ich bete Sie an, Jungfrau Maria!

»Und wie ist Ihr Name?«

Heiliger Geist!

Sie kicherte und drückte das Gesicht tief in ihr Gebetbuch.

»Um Gottes Willen!« flüsterte sie nach einer Weile, den gekreuzigten Christus betrachtend, »machen Sie mich nicht lachen.«

Ich liebe Sie, Marie!

»Aus Unterhaltung?«

Ich werde Sie ewig lieben!

»Sie sollen mich nicht zum Lachen bringen! Ewig – das ist sehr lange!«

»Freilich«, antwortete ich, und warf einen verstohlenen Blick nach ihr, »etwas lange ist es!«

Es entstand eine kleine Pause, in der wir das Lachen unterdrückten. »Aber«, fuhr ich fort, »sein Sie ein Mal fromm, schöne Marie. In der Bibel steht: Du sollst deinen *Nächsten* wie dich selber lieben.«

»Die Bibel hat nicht alle vorkommenden Fälle berechnen können«, antwortete sie. Jetzt konnte ich mich nicht mehr halten – ich lachte. Marie wurde glühend rot, stand augenblicklich auf und verließ die Kirche. Ich durfte ihr nicht folgen, hustete ein wenig, um die Frommen in meiner Nähe des Geräusches wegen zu täuschen, betete noch eine Weile mit dem andächtigsten Gesichte und ging dann ebenfalls hinaus auf die Straße, um drüben nach dem großen Hause zu schauen, ob die Liebenswürdige etwa am Fenster stehe.

Und sie stand nicht nur am Fenster, sie winkte mir sogar hinaufzukommen. O Wienerinnen, Wienerinnen! dachte ich auf der Treppe, war in drei Sätzen oben, und schlüpfte in eine halbgeöffnete Tür.

»Meine Mutter ist nicht zu Hause; wir können noch ein wenig plaudern«, sagte die reizende Marie und führte mich zum Sofa. »Im Stephan dürfen wir uns nicht wieder sehen; Sie haben es heute zu arg gemacht.«

»In welcher Kirche befehlen Sie morgen?« fragte ich und legte, während sie lachte, meinen Arm auf ihren blendend weißen Nacken. »Oho!« rief sie und rückte ein wenig fort von mir, »Sie werden sehr zärtlich!«

»Ja, das bin ich immer.«

»Daran zweifle ich gar nicht, daß Sie *immer* zärtlich sind.«

»Wenn ich liebe«, fügte ich hinzu.

»Wie oft haben Sie schon geliebt?«

So ein paar Mal: Höchstens zehn bis zwölf Mädchen.

»Gott, das ist erstaunlich wenig! Wie haben Sie das aushalten können? Und allen waren Sie treu, natürlicherweise!«

»Treu?« fragte ich. »Ja, Fräulein, wie man das nehmen will. Treue ist eine eigene Sache. Ich war zuweilen mehreren Damen zugleich treu.«

»Ist es möglich!« lachte Marie und wehrte meinen Arm ab, der sich durchaus um den weißen Nacken schlingen wollte. »Sagen Sie mir doch, mein menschenfreundlicher Herr, wieviel Damen lieben Sie denn jetzt?«

»Nur Sie allein!« rief ich, ergriff ihre Hand und brannte zwei glühende Küsse in den weichen Marmor. »Ich schwöre Ihnen, Marie, daß ich noch nie so heftig geliebt habe. Seitdem ich Sie gesehen, ist meine Ruhe dahin! Was ist das Leben ohne Dich? Unsere Herzen haben sich gefunden; kein Gott vermag sie zu trennen! Ewigkeit, Treue, auch in der kleinsten Hütte, Wonne, Sonne!«

Marie lachte so herzlich und allerliebst, daß ich sie vor Entzücken küssen wollte; sie aber drehte das Köpfchen um, der Kuß verfehlte die Richtung, verunglückte und fiel auf den süßen Hals. Den Augenblick benutzend, umschlang ich die zarte Taille mit den Armen und schwur dem sträubenden Mariechen, sie nicht eher zu befreien, als bis sie mir einen Kuß gegeben. »Ich schrei um Hilfe!« rief sie und drückte den Kopf so tief in die Kissen des Sofas, daß die schönen Formen ihres Nackens kußrecht vor meinem Munde lagen. »Lassen Sie mich!« rief sie, als ich eben diese Stellung benutzen wollte, »lassen Sie mich, oder ich werde böse!«

»Geben Sie mir einen Kuß, Marie!« flehte ich.

»Nein!« antwortete die Spröde. »Durchaus nicht! Sie sind unartig! Mein Gott, auf der Treppe! Meine Mutter kommt! Geschwind, treten Sie dort in jenen Schrank und sobald meine Mutter in die Kammer geht, Hut und Schal abzulegen, so entfliehen Sie schnell!« Mit diesen Worten hatte sie mich bereits nach dem Orte meiner Bestimmung expediert, warf sich in die Ecke des Sofas und tat, als ob sie schliefe.

Die Tür wurde geöffnet, ich vernahm leise Tritte, es war richtig die Mutter. »Aber, Marie!« rief sie, »du schläfst am hellen Tage und ließest ruhig die Stube ausräumen, wenn ein Dieb käme.«

»Ach Gott!« seufzte mein liebes Mariechen, »die Hitze hatte mich so müde gemacht; ich lehnte mich hier in die Ecke und bin wider Willen eingeschlafen. Gib nur her den Florschal, liebe Mutter, ich will ihn in den Kleiderschrank hängen!« Kurz nach diesen Worten öffnete sich mein Gefängnis. Ich steckte hinter einem rotseidenen Kleide, als ich aber das Köpfchen meiner Angebeteten sah, streckte ich den Arm heraus und kniff ihr in die glühenden Wangen.

»Der Vetter wird uns morgen nachmittag mit einem Fiaker abholen«, sagte die Mutter, die weder alt noch häßlich war, soviel ich durch die schmale Ritze meiner Residenz bemerken konnte. »Wir wollen einmal zum Kahlenberg hinauf, oben schlafen und am andern Morgen die Sonne aufgehen sehen.«

»Aber«, klang die Stimme meiner Marie, »Vetter Peppi ist sehr langweilig. Wenn wir keine andere Gesellschaft oben finden, so werden wir viel zu gähnen haben.«

»Aha!« dachte ich hinter dem rotseidenen Kleide im Schranke.

»An Gesellschaft wird's nicht fehlen, wenn schönes Wetter bleibt«, sagte die Mutter, und ich hörte die Türe der Kammer öffnen. Leise Tritte näherten sich mir, die Zeit meiner Befreiung war da; ich machte nicht mehr Geräusch als ein lustiger Zeisig, der von Sprosse zu Sprosse hüpft und huschte durch das Zimmer hinaus aus der Tür, welche Marie geöffnet hielt. »Geben Sie mir noch geschwind einen Kuß!« bat ich und hielt den Mund hin, um die Sache zu beeilen.

In diesem Augenblicke kam die Mutter. Marie sagte mit lauter Stimme: »Es wird nichts gegeben!« und warf die Tür zu. Lachend flog ich hinunter, schlüpfte dicht an den Häusern entlang bis zur nächsten Ecke, und warf mich in einen Fiaker, denn es war hoher Mittag und die höchste Zeit, wollte ich meine Freunde noch im Gasthofe treffen.

Ende des ersten Bandes.

Über tredition

Eigenes Buch veröffentlichen

tredition wurde 2006 in Hamburg gegründet und hat seither mehrere tausend Buchtitel veröffentlicht. Autoren veröffentlichen in wenigen leichten Schritten gedruckte Bücher, e-Books und audio-Books. tredition hat das Ziel, die beste und fairste Veröffentlichungsmöglichkeit für Autoren zu bieten.

tredition wurde mit der Erkenntnis gegründet, dass nur etwa jedes 200. bei Verlagen eingereichte Manuskript veröffentlicht wird. Dabei hat jedes Buch seinen Markt, also seine Leser. tredition sorgt dafür, dass für jedes Buch die Leserschaft auch erreicht wird.

Im einzigartigen Literatur-Netzwerk von tredition bieten zahlreiche Literatur-Partner (das sind Lektoren, Übersetzer, Hörbuchsprecher und Illustratoren) ihre Dienstleistung an, um Manuskripte zu verbessern oder die Vielfalt zu erhöhen. Autoren vereinbaren direkt mit den Literatur-Partnern die Konditionen ihrer Zusammenarbeit und partizipieren gemeinsam am Erfolg des Buches.

Das gesamte Verlagsprogramm von tredition ist bei allen stationären Buchhandlungen und Online-Buchhändlern wie z. B. Amazon erhältlich. e-Books stehen bei den führenden Online-Portalen (z. B. iBookstore von Apple oder Kindle von Amazon) zum Verkauf.

Einfach leicht ein Buch veröffentlichen: **www.tredition.de**

Eigene Buchreihe oder eigenen Verlag gründen

Seit 2009 bietet tredition sein Verlagskonzept auch als sogenanntes "White-Label" an. Das bedeutet, dass andere Unternehmen, Institutionen und Personen risikofrei und unkompliziert selbst zum Herausgeber von Büchern und Buchreihen unter eigener Marke werden können. tredition übernimmt dabei das komplette Herstellungs- und Distributionsrisiko.

Zahlreiche Zeitschriften-, Zeitungs- und Buchverlage, Universitäten, Forschungseinrichtungen u.v.m. nutzen diese Dienstleistung von tredition, um unter eigener Marke ohne Risiko Bücher zu verlegen.

Alle Informationen im Internet: **www.tredition.de/fuer-verlage**

tredition wurde mit mehreren Innovationspreisen ausgezeichnet, u. a. mit dem Webfuture Award und dem Innovationspreis der Buch Digitale.

tredition ist Mitglied im Börsenverein des Deutschen Buchhandels.

Dieses Werk elektronisch lesen

Dieses Werk ist Teil der Gutenberg-DE Edition DVD. Diese enthält das komplette Archiv des Projekt Gutenberg-DE. Die DVD ist im Internet erhältlich auf **http://gutenbergshop.abc.de**